Daniel Bourdon

DIANA
Cette nuit-là

Michel Lafon

118, avenue Achille-Peretti
92521 Neuilly-sur-Seine Cedex
www.michel-lafon.com

À ma sœur Christiane, une femme de cœur,
et à Jocelyne, la mère de mes enfants ;
deux femmes elles aussi parties trop vite.

Et dans le crépuscule qui nous apportait un peu de fraîcheur, nous avons roulé vers la mort.

Francis Scott Fitzgerald,
Gatsby le Magnifique

Avant-propos

Je ne m'intéresse guère aux naissances royales, aux mariages princiers ou aux enterrements de têtes couronnées. Et j'ai comme principe de ne pas allumer la télé le matin, et encore moins à table. Sans compter que je me suis toujours imposé comme règle de ne jamais rapporter mes nuits de flic à la maison. Cela faisait plein de bonnes raisons pour ne pas parler de ma nuit. Mais, ce matin-là, j'allais faire une exception pour la première et dernière fois de ma carrière. J'ai allumé la télé. Et on a vu la fameuse vidéo de l'épave que hissait une grue hors du tunnel.

Ma femme m'a regardé. Je l'avais appelée juste avant de prendre le volant pour rentrer. Pour lui dire que je l'aimais. Je lui avais dit où je me trouvais et ce qui s'était passé. Elle attendait que je parle, que je raconte l'accident, elle voulait connaître les derniers instants de Diana, savoir comment elle était morte, presque devant moi. Je lui ai raconté ma nuit et la beauté de la princesse dans la chambre d'hôpital. Et depuis lors, je n'en ai plus jamais parlé. C'était il y a dix-sept ans.

J'ai ensuite poursuivi ma vie de famille et ma carrière de policier sans jamais en parler à personne, gardant pour moi l'émotion de cette nuit-là. Les mois, puis les années sont passées. Tranquillement. Je pensais ne plus jamais y songer. Avec plus de 7 000 interpellations en flagrant délit à mon actif, je connais la mort et la violence. À la disparition de ma première femme le 24 juin 2010, décédée elle aussi dans un accident de voiture, tout a changé. La mort, qui jusqu'alors ne semblait concerner que les autres, était soudain à ma porte. La mère de deux de mes enfants, d'un coup était partie. Subitement. J'ai commencé à me demander si l'échec de notre mariage pouvait avoir eu un lien avec sa disparition prématurée. Je me suis demandé si sa vie aurait pu être autrement si j'avais su mieux l'aimer. Et par association d'idées, dans l'émotion des jours qui ont suivi le décès du premier amour de ma vie, j'ai commencé à repenser à la nuit du 30 au 31 août 1997, cette nuit où la princesse de Galles s'en était allée, elle aussi sans avoir eu le temps de dire adieu à ses proches, cette nuit que je n'avais jamais racontée. Cette nuit-là, où j'avais été à ses côtés lors de son passage dans l'au-delà. Et j'ai eu envie de tout revivre et tout recréer, pour ne jamais l'oublier.

Lorsque je me suis attelé à l'écriture de cet ouvrage, l'une des difficultés a été de trouver le point de vue convenant à ce projet. Je ne souhaitais pas rédiger une enquête sur l'accident du pont de l'Alma, dont je ressortirais certainement riches de nouvelles révélations – mais bredouille sur le fond, car celles-ci ne manqueraient pas d'être considérées comme anecdotiques, pour ne pas dire sans intérêt. Sans vouloir prétendre que ce que j'ai vu, entendu et déduit soit de nature à remettre en question les conclusions de l'enquête officielle, il est pourtant possible que mes souvenirs aient un intérêt qui dépasse les frontières de l'anecdote. J'ai alors décidé de recréer les scènes en me basant sur les faits, afin de mieux me rapprocher de la vérité. J'ai choisi de raconter le drame de mon point de vue, de reconstituer le film des trois dernières minutes avant le crash, telles que je me les suis imaginées au fil des années. Je me suis glissé dans la peau des personnages – le garde du corps Trevor Rees-Jones, le chauffeur Henri Paul, l'amoureux Dodi Al-Fayed et la princesse Diana Spencer –, et je leur ai redonné trois minutes de leur vie d'alors.

1

Elle reposait devant moi, allongée sur un brancard dans une chambre d'hôpital dénudée. Nous étions seuls dans la pièce. Les premiers rayons du soleil allaient bientôt atteindre le drap blanc qui la recouvrait et duquel seul son visage intact émergeait.

Cela fait dix-sept ans que je revois cette scène, dix-sept ans que je m'adresse à elle dans le noir comme je lui ai parlé ce jour-là, dix-sept années que je l'imagine un instant plus tôt, vivante, sortant de la suite impériale du Ritz, empruntant l'ascenseur, traversant les couloirs bleus du palace, effleurant la main de Dodi Al-Fayed, souriant à Henri Paul, remerciant Trevor Rees-Jones qui lui tient la portière de la voiture et s'asseyant sur la banquette de cuir.

Depuis dix-sept ans j'entends le son mat des portières qui claquent et j'observe la limousine noire. Dans un instant, elle va partir…

2

Paris, dans la nuit du 30 au 31 août 1997

Le capteur logé dans la serrure décèle un mouvement et déclenche le système d'assistance pneumatique. Les portières se referment électriquement. Un photographe tourne autour de la voiture comme un chat autour d'un aquarium géant. Le flash de l'appareil, filtré par les fenêtres à double vitrage, rythme un ballet muet : aucun son extérieur ne peut plus atteindre les tympans des passagers. Les deux vitres de sécurité en verre sont séparées par un espace hermétique et déshumidifié de trois millimètres. Le brouhaha et les odeurs de la rue ne les atteignent pas.

Sur le trottoir, le directeur de l'hôtel, quarante-six ans, une mèche rabattue sur un côté du crâne, attend le départ, le visage crispé. Le chauffeur, Henri Paul, lance un regard dans le rétroviseur : un homme et une femme sont enfoncés dans les sièges de cuir noir ; Dodi Al-Fayed est assis derrière le chauffeur, Diana Spencer est à sa droite, les jambes serrées l'une contre l'autre, ses hauts talons Versace enfoncés dans la moquette grise. Henri Paul règle l'assise de la banquette arrière chauffante et inclinable électriquement. Il pose sa main sur le levier de vitesses automatique.

Il est minuit passé de quinze minutes, et la Mercedes est encore au point mort. L'habitacle est éclairé par une lumière tamisée émise par le tableau de bord. À la droite du chauffeur, un garde du corps, Trevor Rees-Jones. Il est excédé par les flashs du vieux photographe qui n'en finit plus de tournoyer autour d'eux. Il abaisse la visière en esquissant un sourire, ce sourire que l'on retrouvera sur les clichés saisis plus tard par la justice et que j'ai sous les yeux alors que j'écris ces lignes. Cette photo que j'ai si souvent regardée. Je pense qu'il temporise. À ses côtés, Henri Paul a une expression hautaine. Il est facile de lui prêter après coup un air de défi. C'est pourtant ce que je vois dans son visage aux lèvres pincées, le menton relevé. Lui seul sait qu'il a bu : deux pastis avalés un instant plus tôt au bar de l'hôtel.

À l'arrière, Dodi Al-Fayed est nerveux mais, selon moi, pas autant qu'on a pu le dire. En tout cas pas plus que d'habitude. Comme le sont souvent ceux qui ont été trop gâtés dans leur enfance, il est capricieux et, quand la pression monte, il devient irascible. Depuis qu'il a rencontré Diana Spencer, le contrôle de son environnement lui échappe. En six semaines de courses-poursuites de Saint-Tropez à Monaco, de Nice à Londres, de la campagne anglaise à son appartement de Mayfair, puis de la Sardaigne à Paris, il n'a jamais réussi à semer plus de quelques heures les photographes. Elle a l'habitude, elle est une princesse. Mais lui, ça l'agace. Son entourage l'a rapporté après sa mort : il s'énerve tout seul et en veut à tout le monde. Il soupçonne le garde du corps que lui a imposé son père de vendre des infos à la presse. Ce soir encore – l'enquête l'a établi – il a essayé de s'en débarrasser, afin de partir seul dans la voiture avec le chauffeur français qui connaît Paris comme sa poche. Trevor Rees-Jones a refusé, menaçant d'appeler son employeur pour se plaindre. Alors, comme depuis quinze jours, celui que la presse appelle l'« amant égyptien » ou le « play-boy héritier » continue de bouder. Il n'adresse plus la parole à l'ex-para de l'armée britannique. De son côté, Trevor Rees-Jones en a assez de ce patron désagréable, puéril et malpoli qui a voulu l'évincer. Il ne peut pas supporter non plus le petit Français arrogant qui tient le volant et le prend de haut. Depuis une heure, il le regarde aller et venir autour du couple, presque familier quand il s'adresse à eux, dédaigneux quand il le croise, lui. Il fait des apartés avec le boss, reçoit des instructions, et repasse devant lui sans un mot. Incroyable !

Diana, elle, est détendue, elle plaisante. Son amoureux suit des yeux le journaliste qui continue de prendre des photos. On dirait qu'Henri Paul et Trevor Rees-Jones oublient un instant leur rivalité et vont rire de bon cœur. Il me semble que c'est un éclat de rire qu'ils retiennent à cet instant, un éclat de rire dont seul Dodi Al-Fayed semble exclu.

La presse dira qu'ils étaient sous tension. Pourtant, aucun des passagers ne boucle sa ceinture. Je pense plutôt que, bien que fatigués, ils étaient de bonne humeur – si l'on fait abstraction de l'inimitié opposant Dodi Al-Fayed et son garde du corps, le léger mépris de ce dernier pour Henri Paul, et la gêne de Diana qui a toujours perçu les tracas du cœur humain.

C'est ainsi que je m'imagine la scène. De temps en temps, à la suite d'une lecture, d'une nouvelle déclaration, d'une déduction personnelle ou encore d'une simple hypothèse, j'y ajoute un détail. Je cherche à vérifier si ça fonctionne. Si ça se tient.

Je pense que, jusque-là, tout se tient.

3

Je me rappelle que ce jour-là j'avais fait un barbecue dans le jardin de la maison. Je ne me souviens que d'images colorées et superposées. Ce sont les souvenirs du passé : mon fils, encore enfant, sa voix fluette de petit garçon, la robe à fleurs de ma femme, le visage d'un ami, et un ciel très bleu. C'était une belle journée de grand soleil sans histoires.

Pour les quatre personnes qui sont dans la voiture, la journée a été plus mouvementée. Le couple et ses deux gardes du corps se sont réveillés au large d'une île italienne, à bord d'un yacht de 45 mètres. Une vedette les a transportés jusqu'au port, où des photographes les attendaient. Une voiture les a emmenés à l'aéroport de l'île où d'autres journalistes les ont photographiés. Ils sont montés à bord d'un jet privé et ont atterri à 16 heures à l'aéroport du Bourget, en banlieue parisienne. Des paparazzi étaient déjà là, dont ce type un peu âgé qui tournoie autour de la voiture alors qu'ils vont bientôt démarrer vers le tunnel de l'Alma. À peine arrivés, le même chauffeur les a conduits dans Paris à bord d'une Range Rover, semant rapidement les motards de presse, les menant à toute vitesse jusqu'à la villa Windsor, dans le bois de Boulogne, à la lisière de Neuilly, afin qu'ils puissent visiter sans témoin la dernière demeure du duc et de la duchesse de Windsor, maintenant propriété de Mohamed Al-Fayed, le père de Dodi. De là, ils ont foncé à l'hôtel du Ritz que Mohamed Al-Fayed possède aussi, ils sont repartis dans un appartement situé à l'Étoile – encore une acquisition du père –, se sont changés, sont revenus à l'hôtel, ont décidé de dîner à L'Espadon, le restaurant du palace, puis ont changé d'avis après avoir commandé les plats et sont montés terminer leur repas dans la plus belle des suites, la chambre 102. L'emploi du temps du chauffeur est plus compliqué. Après la course-poursuite du Bourget, il est rentré à pied chez lui, dans le 1er arrondissement de Paris. Son service était terminé. Pourtant, il est revenu plus tard, réapparaissant sur le seuil du palace à 22 heures précises. Qu'a-t-il fait entre-temps ? Pourquoi est-il revenu ? Dix-sept ans que je cherche la réponse…

Pour l'instant, il est assis au volant de deux tonnes de ferraille et n'attend qu'un mot pour écraser la pédale de droite. Celle de l'accélérateur.

Diana est épuisée. Elle en a pleuré juste avant qu'ils ne montent dans la suite impériale. Dodi Al-Fayed n'en peut plus non plus. Depuis qu'il a quitté le yacht paternel, ce matin, la situation n'a de cesse de lui échapper. Dans la voiture, il s'agite. Il est désagréable. Il la néglige, ne quitte plus son portable, appelle sans cesse le centre de contrôle. Quand le photographe fait le tour de la voiture par l'arrière, il se retourne et le suit du regard, agressif. Il peste. Elle est gênée. Elle reste aimable, souriante. Tout à l'heure, elle a salué d'un sourire tous ceux qu'elle a croisés sur leur chemin de la suite à la voiture. En sortant de la chambre, au second garde du corps, celui qui devait les rejoindre plus tard à bord d'une voiture différente, elle a assuré en riant que ce soir ils n'iraient pas en boîte. « Nous rentrons à l'appartement », a-t-elle dit, sachant que Dodi Al-Fayed refusait depuis le matin de donner à qui que ce soit la moindre information sur leurs plans de la soirée. Paranoïaque – je pense qu'il l'était –, il ne parle plus à Trevor Rees-Jones ni à quiconque, préférant organiser seul, à distance, leurs déplacements, téléphonant sans cesse à son père en Grande-Bretagne.

Rien n'est simple ce soir. Le téléphone de l'autre gorille, un ex-commando de la marine royale britannique, est hors service. Pour le joindre, il faut passer par l'accueil de l'hôtel.

Le moteur de la voiture berce toujours ses quatre passagers à l'arrière du palace.

4

Henri Paul tripote sous le siège les boutons de plastique contrôlant l'assise de son siège. Il le règle à sa convenance. L'index de la main gauche le pousse en avant et son corps se rapproche du volant, les jambes se replient, soulageant la pression sous les cuisses auparavant en appui sur la bordure du fauteuil de cuir. Il règle la dureté du dossier multicontour, ainsi que celle du support lombaire à coussin d'air. Le pouce gauche recule l'autre bouton placé sur le côté de l'assise, celui qui est à la verticale, et le dossier s'incline de quelques millimètres en arrière, relâchant les bras. Dans son esprit, il a la position d'un pilote de course, mais en fait il a l'air petit au volant de l'énorme véhicule. Il ajuste d'un demi-millimètre la longueur et la hauteur de la colonne de direction à réglage électrique. Une pression à l'arrière du bouton de l'assise rehausse ses fesses. Depuis le trottoir, on peut voir son visage monter doucement au-dessus du montant de la portière, ses épaules apparaissent. C'est la bonne position. Au bout du capot, le sigle Mercedes brille dans la nuit. La température intérieure est de 21 degrés. Il hésite à la changer de son côté, il pourrait le faire sans que cela influe sur la zone droite de la voiture, puisqu'elle est équipée d'un système à double ventilation. Mais cela changerait la température de toute la zone gauche, or Dodi Al-Fayed est assis derrière lui. Il n'ose pas. Il n'y touche pas. Et pourtant, il a un peu trop chaud. Des gouttes de sueur perlent sur le haut de son crâne. En fait, c'est l'effet de l'alcool. Il n'en a pas conscience, les autres passagers non plus.

J'étais plus jeune que lui à l'époque, j'avais trente-sept ans et lui qurante-trois. Je me souviens de l'avoir trouvé un peu âgé. Mais, alors que j'ai aujourd'hui cinquante-cinq ans, lui n'a jamais plus vieilli. Son visage est resté éternellement figé. Le poil noir et dru, le front moite à cause de la chaleur, du manque d'exercice et de l'abus d'alcool, de médicaments et d'une nourriture trop riche.

5

Assis à la droite d'Henri Paul, à la place dite « du mort », l'ex-para irlandais compose le numéro de l'hôtel et demande en anglais qu'on le transfère à l'accueil puis qu'on lui passe son collègue, Kes Wingfield. « Nous partons dans cinq minutes, » annonce-t-il, toujours en anglais. « OK. »

Les deux gardes du corps, Trevor Rees-Jones et Kes Wingfield, viennent de passer dix jours en mer avec Diana, Dodi et ses deux employés de confiance, une masseuse américaine et un majordome français. Ils en sont revenus amers. Dodi leur adresse à peine la parole. Ils en sont réduits à deviner sans cesse le programme du jour. La masseuse est férue d'ésotérisme et Trevor Rees-Jones s'intéresse aux mondes parallèles, ils ont donc sympathisé. Depuis, elle lui répète tout ce que Dodi lui confie. Le majordome français, lui, ne révèle jamais rien. Diana leur lâche parfois quelques informations. C'est elle qui tout à l'heure leur a dit entre deux portes qu'ils étaient sur le point de rentrer.

Normalement, cela n'aurait pas dû se dérouler ainsi. Ils devaient monter à bord des deux voitures qui les attendaient devant l'entrée principale de l'hôtel. Dodi, Diana et un garde du corps dans la première voiture, le second garde du corps les suivant dans l'autre voiture. Trevor Rees-Jones serait monté dans la première voiture, comme en début d'après-midi après avoir atterri à l'aéroport du Bourget. Mais Dodi bouleversé l'organisation.

Ils sont à bord de la Mercedes depuis déjà trente secondes. Tout va très vite et très lentement à la fois. Les pensées sont plus rapides que les gestes. Elles sont instantanées. Elles semblent pouvoir s'additionner à l'infini, dans un temps infime. Le garde du corps rumine. Il en a assez de ce patron qui gesticule à l'arrière en prenant de grands airs. Il ne peut plus supporter ce chauffeur mal rasé et malodorant. Le retour à Londres est prévu pour le lendemain. Il aimerait être déjà au lendemain. Mais, en fait, rien ne l'attend là-bas. Sa femme a demandé le divorce. Elle a rencontré quelqu'un. Elle vient de le lui annoncer. Une demi-seconde est passée. Même pas.

Diana est maintenant plus gaie. Tout à l'heure, au restaurant, elle pleurait. Aussi, quand Dodi lui a proposé d'aller terminer leur dîner dans leur suite, elle a accepté, autant pour échapper aux regards des clients que pour aller se remaquiller. Les larmes avaient laissé des traces de Rimmel sur ses joues poudrées. Depuis presque deux mois ils ne se quittent plus. Elle s'est habituée à la présence de l'aréopage un peu fantasque qui partout accompagne Dodi : deux gardes du corps, une masseuse gentille mais allumée, un majordome efféminé et sirupeux. Mais tous sont toujours charmants à son égard, toujours disposés à distraire les enfants. Ensemble, ils sont allés dix jours à Saint-Tropez au mois de juillet puis, après un passage à Londres pour déposer les enfants, ils sont repartis dix jours en croisière au début du mois d'août. Ils sont de nouveau passés à Londres, elle a fait un saut en Grèce chez une amie, puis un autre en Bosnie pour une cause humanitaire, et ils sont repartis pour une semaine de bateau sur les eaux bleues de la Côte d'Azur. Entre-temps, ils se sont vus à Londres et dans sa propriété familiale, à une heure de voiture ou quelques minutes d'hélicoptère.

Tout le monde est au courant de leur liaison, mais on dirait qu'ils aiment continuer à jouer avec la presse. Les courses-poursuites sont quotidiennes. Elle traverse la ville cachée à bord de voitures banalisées pour le retrouver, puis le quitte en pleine nuit de la même façon. Elle alterne mensonges et confidences. Cette vie faite de mystères et de cachotteries, suivis de fracassants coups d'éclat, est devenue pour elle une seconde nature, presque une drogue. Pour lui, c'est nouveau. Et ça le dépasse. Ce n'est pas écrit dans les astres. Je ne suis pas devin, juste un bon petit flic de base. Et c'est écrit sur son visage. Il est crispé, a le regard noir. Et tout dans son comportement indique la crainte de mal faire. Il change de plans sans cesse. Il est désagréable avec les employés. À l'arrière de la voiture, il gesticule. Elle semble s'en amuser. Elle est sous le charme. Elle a retrouvé sa bonne humeur. Il est encore tendu.

6

Henri Paul ajuste électriquement le rétroviseur extérieur gauche et aperçoit le photographe, plus précisément son appareil pointé vers les places arrière. Dans le rétroviseur droit il reconnaît la petite voiture blanche déjà remarquée ce matin au Bourget. C'est celle du photographe. Il oriente vers l'extérieur le rétroviseur pour mieux voir un scooter, celui d'un autre journaliste. Son poing se ferme sur le volant gainé de cuir, son biceps droit se tend, l'assistance paramétrique variable capte la pression, les roues tournent sans un bruit. Dehors, on entend les pneus Michelin crisser sur le bitume, doré dans la lueur des réverbères et qui reflète par rafales les flashs des appareils photographiques. Sa main gauche vient prendre appui sur le haut du volant, la droite se déplace sur le pommeau de changement de vitesse au cuir bien ciré et le fait glisser du point mort vers la position D, comme « Drive » : rouler. Le geste mené du bout des doigts s'accompagne d'un cliquetis feutré engendré par le glissement de la tige chromée du levier glissant dans la rainure de la boîte de vitesses. Le moteur change de son. L'aiguille du compte-tours s'incline vers le bas, de quelques millimètres seulement, l'ordinateur de bord corrige le changement de régime et elle remonte pour se figer sur 1 000 tours/minute. Dans le même temps, les passagers ressentent une impulsion suivie d'un balancement. La voiture n'avance pas encore, elle se rehausse, prend son élan. Le pied droit, posé sur la pédale de frein, la maintient dans cette position arrêtée. Les muscles forment un arc depuis la fesse jusqu'à la plante de ce pied.

Henri Paul n'a pas le permis de grande remise, obligatoire pour conduire des passagers dans des véhicules de ce calibre, mais il a suivi deux stages de conduite au siège de Mercedes à Stuttgart. Le week-end, il pilote des avions et, en ville, à bord de son Austin Mini Cooper, il sème tout le monde quand il veut. Sa Mini est un véritable kart, et il la pilote comme une Formule 1, les fesses au ras du sol, en faisant pétarader le pot d'échappement. Il alterne les accélérations et les doubles débrayages. Un talon-pointe, le talon sur le frein, la pointe du même pied sur l'accélérateur, on lance le moteur d'un coup sur le champignon, le pied gauche enfonce l'embrayage, on maintient la pression sur les trois pédales tout en passant la vitesse inférieure d'un seul geste, et on relance le moteur encore avant de relâcher l'embrayage. La vitesse s'enclenche et ralentit la voiture, c'est le frein moteur. Il faut encore l'accompagner en lâchant progressivement l'accélérateur tout en augmentant le poids sur le frein, puis recommencer la manœuvre pour passer la vitesse inférieure, débrayer, lancer le moteur dans les tours tout en freinant, passer la vitesse, un coup sur l'accélérateur encore, embrayage, freinage, et ainsi de suite jusqu'à l'arrêt, l'évitement d'un obstacle, et une nouvelle accélération, pied au plancher si on le souhaite.

La direction de la Mercedes est si légère qu'il peut modifier l'angle des roues d'une seule phalange. Il les oriente vers le bout de la rue. Il suffirait qu'il lâche à peine le pied droit posé sur la pédale de frein pour que la voiture avance toute seule. Il pourrait l'ôter pour le poser sur celle de l'accélérateur. En effectuant ce geste rapidement, en écrasant la pédale, il pourrait démarrer d'un coup et laisser sur place le photographe qui fait encore le malin autour de la voiture. Les passagers seraient plaqués contre leur dossier. Lui seul ne ressentirait pas cette impression de vertige similaire à celle que provoquent les trous d'air en avion, cette sensation désagréable causée par un brusque changement de vitesse non appréhendé par le cerveau. S’il appuyait à fond sur la pédale d’accélérateur à cet instant, tout en lâchant le frein à la même seconde, le véhicule bondirait.

7

« Vous pouvez rouler. » La phrase résonne comme un signal dans sa tête. Il lève le pied droit du frein et la voiture se déplace vers le centre de la chaussée comme un hors-bord se détachant d'un ponton. Elle tangue presque, sans un bruit. Pas un son ne parvient de l'extérieur. Le regard du chauffeur se pose successivement sur les trois rétroviseurs, l'un à gauche, l'autre à droite, le troisième à l'intérieur de l'habitacle, sous le plafonnier. Il y aperçoit les têtes de Diana et de Dodi. Elle regarde la route devant elle. Lui continue de s'agiter comme un enfant, se retournant sur la banquette pour observer les photographes qui vont poursuivre la traque, comme toujours. Trevor Rees-Jones s'est penché en avant pour voir dans le rétroviseur de droite si on les suit. Les trois hommes échangent leurs informations. Tous ont repéré une voiture blanche et deux scooters. Les véhicules qui les suivent depuis Le Bourget.

Personne n'a bouclé sa ceinture. On se croirait de retour dans les années 1980, quand tout le monde mettait un point d'honneur à ne pas s'attacher en voiture pour ne pas faire prolétaire. Les passagers ont un côté parvenu, à quatre dans une Mercedes, un samedi soir à Paris. Ils ressemblent à ces groupes de fêtards du 16e que nous avions l'habitude de serrer à la sortie des boîtes de nuit de la capitale. Henri Paul pose le coude sur le rebord de la fenêtre. Le geste n'échappe pas au garde du corps, le seul à pouvoir le voir depuis sa place. Derrière eux, Dodi Al-Fayed n'a pour seule vision du chauffeur engoncé dans le fauteuil de cuir qu'un crâne dégarni et luisant. Diana, elle, a dans son angle de vue le profil droit d'Henri Paul, dont la veste trop grande semble flotter sur l'accoudoir central, une main velue posée sur le levier de vitesses. Elle peut aussi apercevoir le cadran du compteur. À cet instant, il indique encore une rapidité de déplacement inférieure à 10 km/h. Au bout du cercle gradué, que l'aiguille va bientôt parcourir dans une course inexorable jusqu'à l'accident, le dernier chiffre lisible est 260 km/h.

Henri Paul connaît la rue Cambon par cœur. Elle n'a qu'une voie, est à sens unique. Elle est trop étroite pour pouvoir y être doublé par une voiture comme par un deux-roues. Il pourrait écraser la pédale tout de suite, mais il lui faudrait freiner aussitôt au croisement de la rue Saint-Honoré, à 50 mètres, s'assurer qu'aucune voiture n'arrive de la droite, le côté prioritaire, accélérer à nouveau pour ralentir presque immédiatement à l'intersection de la rue du Mont-Thabor, relancer le moteur et risquer de s'arrêter une troisième fois au feu situé au croisement de la rue de Rivoli. Une telle conduite ne permettrait pas de distancer les photographes et pourrait donner le mal des transports aux passagers. Et puis on le prendrait pour un fou du volant, en particulier Trevor Rees-Jones qui ne le quitte pas du regard, soufflant et levant les yeux au ciel à chacun de ses gestes. Pour l'instant, il s'en tient au plan conçu avec Dodi : on part sereinement par l'arrière de l'hôtel, on roule au pas jusqu'à la rue de Rivoli, on accélère place de la Concorde, et on les sème sur les quais. La ligne droite est longue de un kilomètre, jusqu'à la sortie juste avant le pont de l'Alma, puis tout droit encore jusqu'à l'Étoile par l'avenue George-V. Lui a-t-il dit de les larguer ? Est-ce qu'il a bien compris ? Le conducteur n'a pas seulement trois fois la dose d'alcool autorisée dans le sang, il est aussi sous Prozac et Tiapridal. Il a le sentiment d'avoir la maîtrise d'un pilote de chasse. Dans son esprit, sa perception de la réalité est aussi aiguisée que celle d'un prédateur, ses réflexes sont exacerbés. Il voit tout et sent tout, comme lorsqu'il est au guidon de la VMax qu'il possède dans sa résidence secondaire, la moto à la plus forte accélération de sa génération. Comme c'est souvent le cas des gens ivres, il pense avoir « la vision d'un faucon du désert », « l'ouïe d'un loup des steppes ». Il a déjà ressenti cela en pilotant des petits jets à réaction qu'il loue le week-end. Il sait piloter à l'aveugle, sans les indications de la tour de contrôle, sans pilotage automatique, et cela par tous les temps, même en plein brouillard, ne se fiant qu'aux cadrans de la cabine et à ses propres sens, infaillibles. En réalité, tous ses réflexes sont engourdis. Ce soir, ses moyens physiques et psychiques sont gravement altérés par la quantité d'alcool absorbée. Son impression erronée de maîtrise de soi, accrue par la présence de Prozac et de Tiapridal dans son sang, diminue d'autant plus ses capacités de réaction. Aux yeux de Trevor Rees-Jones, il a l'air d'un chauffeur de taxi parisien vaniteux.

8

Le correcteur d'assiette hydropneumatique a durci les suspensions arrière pour que, malgré l'accélération, le véhicule conserve une position horizontale. La Mercedes roule lentement. C'est un modèle S280. J'avais failli m'offrir la même cette année-là. On en trouvait d'occasion à un prix raisonnable, en raison de sa grande gourmandise en ville, officiellement 15 litres aux 100 kilomètres, mais en réalité pas loin des 20 litres. Sur l'autoroute, c'est un paquebot de plus de cinq mètres de long et pas loin de deux tonnes d'acier, de cuir et de ronce de noyer. À 160 km/h, la consommation tombe à 13 litres, et son autonomie atteint les 750 kilomètres grâce à son réservoir de 100 litres. Avec son six cylindres allemand, elle monte facilement à plus de 200 km/h ; à 217 km/h exactement selon le constructeur. La boîte automatique à cinq vitesses donne un sentiment de souplesse. Les 193 chevaux se lancent sans un autre son que le crissement du cuir intérieur. C'est un bon investissement, à condition d'avoir les moyens de l'entretenir. Celle-ci est une seconde main, achetée en 1994 pour 114 666 francs par Étoile Limousine, la société de location à qui l'hôtel fait régulièrement appel.

Le tambour du Ritz s'éloigne, ainsi que le directeur et ses mèches ramenées sur le haut du crâne et les portiers en redingote. Le navire a largué les amarres. Quatre journalistes juchés sur deux scooters et le vieux photographe au volant de sa petite voiture blanche leur ont emboîté le pas, comme ces voiliers qui accompagnent vers le large les cargos au long cours. Les drapeaux français d'une école flottent sur la gauche. Henri Paul reconnaît la devanture du Chambolle Café, un établissement du quartier où il lui est arrivé de prendre une noisette. Le Relais Cambon a déjà fermé ses portes. Cela fait longtemps qu'il ne s'y est pas rendu. Autrefois, il y allait souvent pour y avaler un plat du jour en vitesse. La semaine prochaine, peut-être, il faudra qu'il y pense. Il lève le pied de la pédale d'accélérateur et le pose sur celle du frein. Elle s'enfonce mollement, comme dans du caoutchouc. La Mercedes ralentit à l'approche de la rue Saint-Honoré, la traverse, et reprend un peu de vitesse, laissant derrière elle l'église de la mission catholique polonaise que regarde

Diana. Les églises lui ont toujours rappelé son mariage, sous les caméras du monde entier, et sous les yeux de la maîtresse de celui qui était à son bras. Tout le monde le savait dans la famille, et elle aussi : on l'avait prévenue à la veille du mariage.

Un immeuble prend la place de l'église dans l'encadrement de la fenêtre. Il est haut et austère. Elle peut lire, sans la comprendre, écrite en lettres d'or sur une plaque de marbre émeraude, l'appellation « Cour des Comptes », au-dessus de laquelle tombe un autre drapeau tricolore. Les colonnes du porche s'éloignent, on ralentit, la voiture est presque à l'arrêt. Henri Paul s'assure qu'aucun véhicule ne vient de la droite, de la rue du Mont-Thabor ; Trevor Rees-Jones regarde avec lui. Diana suit leur regard. C'est une ruelle parisienne banale. J'imagine qu'elle aimerait pouvoir sortir et marcher seule, ici, n'importe où, sans chauffeur ni garde du corps, j'imagine qu'elle se demande parfois pourquoi elle s'est mariée si jeune, devant un milliard de téléspectateurs. Elle aurait dû dire non plus tôt, ne pas s'engager. Puis elle a eu deux enfants. On ne peut pas regretter des enfants. Demain elle les retrouvera. Forcément, elle se demande si son mari l'a jamais aimée. Question banale quand on apprend que l'on a été trahi. Le prince Charles l'a trompée depuis le début, avec une femme plus âgée, qu'il avait rencontrée bien avant elle, et que maintenant il voudrait épouser.

À la télévision, Diana a raconté ce mariage raté. Dans les journaux et dans des livres, les journalistes auquel elle s'est confiée ont rapporté que le prince Charles lui avait d'abord dit qu'il l'aimait. Il lui avait demandé de l'épouser, il avait voulu qu'elle lui donne des enfants, il lui avait promis qu'un jour ils monteraient sur le trône, ensemble, tous les deux. Elle est maintenant une femme divorcée, une femme seule, comme une autre. Comme cette femme, peut-être, cette femme qu'elle voit marcher dans la rue, une femme à l'air triste que, je ne sais pas pourquoi, j'imagine toujours là lorsque je reconstitue le film de l'accident. Dans mon esprit, la voiture roule toujours vers la rue de Rivoli, que l'on aperçoit à 20 mètres. Henri Paul regarde sur sa gauche la baie vitrée de la brasserie Flottes. La salle est déjà vide, les chaises en acier noir et aux assises en velours grenat sont empilées les unes sur les autres. Il n'est pas très tard, surtout pour un samedi – 0 h 25 à l'horloge de la voiture –, mais il n'y a pas grand monde dehors ce soir. La rentrée est dans quatre jours. Les touristes se sont évanouis. Les Parisiens ne sont pas encore rentrés. Ou bien ils sont chez eux, ils défont leurs valises. Paris est décidément bien vide au mois d'août, et ce jusqu'au dernier jour des vacances.

Sur le siège de droite, Trevor Rees-Jones promène son regard sur les ouvrages dans la vitrine de la librairie anglaise WHSmith. Il s'arrête sur la pile de *Angela's Ashes*, de Frank McCourt, un Irlandais, comme lui, qui raconte la jeunesse de sa mère, une vie d'amour, de douceur, de dévotion, de sacrifice. Lui aussi adore sa mère. Il en parlera dans le livre qu'il publiera en l'an 2000, trois ans après la mort de Diana, sous le titre *Garde du corps*. *Le témoignage du seul survivant*. Dans cet ouvrage, on comprendra qu'il se demande alors sans cesse pourquoi son ex-femme vient de s'installer avec un autre. Ce soir-là, il le racontera, il a envie de l'appeler, de la revoir, il se demande ce qui a cloché, à quel moment elle s'est détachée de lui. Il dira entre les lignes qu'il voudrait pouvoir tout recommencer. Changer de métier même, ne plus avoir à disparaître ainsi, en mission une semaine sur deux. Demain, peut-être, il lui téléphonera. Dans mon film mental, il tripote son téléphone portable, et Diana continue d'observer la jeune femme qui avance, épaules dénudées, talons hauts, un sac à la main. Dodi Al-Fayed prend sa main dans la sienne. Il sent peser sur sa cuisse le bracelet à six rangs de perles blanches, au fermoir en forme de dragon serti de diamants, les brillants de sa bague en or picotent la peau de ses doigts. Elle le regarde, lui sourit. Ses boucles d'oreilles scintillent. Un agrandissement Photoshop permettrait d'y voir le décor déformé, la lueur d'un lampadaire, le flash des photographes.

Tout à l'heure, il la demandera en mariage. Elle le sait. Il sait qu'elle le sait. Mais il ne l'a pas encore fait. Elle ne lui a donc pas encore répondu.

9

Personne n'attend Henri Paul chez lui ce soir, comme depuis plusieurs soirs, et même depuis plusieurs mois. Cela fera bientôt un an qu'elle l'a quitté. Ils sont restés amis, mais c'est terminé. Fini les soirées en amoureux, avec sa fille à elle qu'il a aimée comme sa propre fille. Il aimait lui jouer du piano. À quoi peut-il penser ? On a dit qu'il avait projeté de la retrouver dans le Sud, aux beaux jours de septembre. Il était pilote : il aurait pu louer un avion, faire un saut là-bas, seul aux commandes, et les emmener en virée quelques jours. Il aurait pu l'épouser, lui faire un enfant. On ne sait presque rien de sa dernière journée. On sait seulement que, le matin même, il a joué au tennis avec son ami d'enfance. Il a remporté la première manche sur un smash au filet, puis il a perdu la seconde, à cause de son revers, un beau geste parfait qui envoie trop souvent les balles sur le terrain d'à côté.

10

Parfois, on aimerait pouvoir tout recommencer. Ou tout commencer, simplement, ne plus avoir de passé, seulement un avenir. Dans le ciel, se dessine la tour Eiffel sous le blanc des quelques nuages. Les premiers de la saison. Le feu est au rouge. Henri Paul actionne le clignotant droit.

La voiture longe les grilles des Tuileries, noires surmontées de flèches dorées. Elle glisse sur le macadam lisse. À droite, les arcades de la rue de Rivoli défilent comme des platanes le long d'une nationale. Certains piliers portent encore les traces de balles perdues au mois d'août 1944, lors de la bataille de Paris. Sur la gauche, dix plaques commémoratives s'alignent, fleuries. Ce sont les stèles funéraires sculptées dans le haut mur qui maintenant se dresse le long des Tuileries. On peut lire les noms et les âges des résistants, tous morts le 25 août 1944 : Jean-Claude Touche avait dix-huit ans, Guy Lecomte vingt-et-un ans, Georges Bailly vingt-quatre ans, Pierre Laigle trente-et-un ans, mais rien n'indique l'âge de Raymond Mestracci, Lopez-Ros, Georges Fontaine, Michel Mouchet, Marcel Bizien et Madeleine Brinet, une femme. Mourir comme ça, d'un coup, avec comme dernière vision les arcades de la rue de Rivoli, puis plus rien d'autre qu'une plaque comme trace de son passage du Terre… Seul Henri Paul peut connaître ces histoires. Les trois autres passagers ne savent presque rien de la capitale, ils la traversent comme on croise sur un océan, captivés par leurs impressions. Ils ne voient rien d'autre que la beauté des immeubles, leurs hautes fenêtres dans lesquelles se reflète le gris-bleu du ciel, les phares des voitures, la lumière des lampadaires, ils observent les gens dans la rue, les anonymes aux vies simples, des passants sans soucis.

Diana et Dodi sont d'un autre monde, ils habitent un univers parallèle. Ce matin, la Sardaigne, qu'ils ont quittée à bord d'un jet privé à l'intérieur de cuir beige et de bois précieux, puis la villa Windsor, dans le bois de Boulogne, et ses mille et un bibelots chargés de tant d'histoires de famille, refuge de monarques déchus comme elle, qui avaient choisi l'amour plutôt que le trône. La voiture les a ensuite conduits à l'appartement de l'Étoile, décoré comme celui d'un prince arabe, trop de moquette, trop de dorures, mais si confortable, et enfin le palace, propriété de Mohamed Al-Fayed.

Personne ne parle.

Il tient toujours sa main. Tout à l'heure, il lui passera la bague au doigt. Une bague de fiançailles. À l'angle de la rue Mondovi, Henri Paul ralentit en douceur. Le feu vire au vert et, sans un à-coup, la voiture reprend de la vitesse, jusqu'au feu suivant, rue Saint-Florentin, où elle va devoir s'arrêter.

11

Seul Trevor Rees-Jones survivra, mais il ne se souviendra de presque rien. On ne sait pas et l'on ne saura jamais ce qui s'est dit dans la voiture pendant les trois minutes qui ont suivi leur départ et jusqu'à ce que l'habitacle soit subitement réduit à un amas de ferraille et les corps en charpie. Mais je suis si souvent revenu sur les lieux, le soir à la même heure, et parfois même le même jour, un 31 août, que je me permets de l'imaginer.

Nous voici au point de non-retour. La Mercedes va s'arrêter une dernière fois au dernier feu de la rue de Rivoli. Quelques journalistes vont rapprocher leur scooter, leur moto ou leur voiture de la Mercedes qu'ils traquent depuis le début d'après-midi, et ils vont la voir disparaître comme par magie à l'horizon. Leur vie va en être bouleversée dans quelques secondes. La mienne aurait été différente si Henri Paul n'était pas parti comme un fou à cet instant-là. Mais il est bien parti comme un fou, et il était ivre, et il était sous anxyolitiques. Je n'ai jamais cessé de me demander ce qui serait arrivé si à cet instant un imprévu avait eu lieu. Mais quel événement subit aurait pu les détourner de leur trajectoire à ce stade ? J'aimerais savoir ce qui a cloché, comment le temps a déraillé et les a mis sur la trajectoire de la mort. Mais on ne peut pas revenir en arrière. On ne peut qu'imaginer ce qu'a signifié pour eux cette interruption subite d'une vie pleine de promesses. En langage de flic, cela s'appelle un regroupement. On rassemble toutes les informations disponibles et on les mixe avec ses propres intuitions.

12

Le feu est au rouge, un rouge carmin ; il est orné d'un chapeau métallique qui dans le jour le protège des rayons du soleil. Sur le ciel bleu marine, on dirait une bouée comme on en voit au large des côtes bretonnes, le pays natal du chauffeur dont les expressions semblent balancer d'une seconde à l'autre de la joie satisfaite à la mélancolie rêveuse. La voiture mord les larges bandes blanches qui traversent la chaussée. Dodi Al-Fayed porte un jean, des santiags en daim assorties à sa chemise gris clair et sa veste grise. Depuis la suite impériale, juste avant de descendre, il a téléphoné à son père et lui a confirmé qu'il allait lui offrir la bague ce soir. Elle a entendu la conversation alors qu'elle se préparait, assise devant la psyché, brossant ses cheveux blonds parfaits, peignant ses lèvres de rouge et soulignant ses yeux bleus de Rimmel noir. Il était heureux comme un chien fou. Il l'amuse. Au majordome qui les attendait à l'appartement, il a rappelé par téléphone de bien mettre le champagne au frais et, ne se sachant pas écouté, a insisté pour que la bague soit bien à sa place. Il savait qu'elle lui plairait. Ils l'avaient choisie ensemble : un solitaire taillé en rectangle, entouré de douzaines de diamants recouvrant entièrement la monture. Il était allé la chercher lui-même dans la bijouterie Repossi située de l'autre côté de la place Vendôme, juste en face du palace. Pour ce déplacement à cent mètres seulement, il avait pris toutes les précautions. Il était sorti par l'entrée principale, le directeur de l'hôtel devant lui, Trevor Rees-Jones derrière, et ils étaient montés dans une Mercedes 600, celle qu'ils auraient dû prendre ce soir, qui les a déposés sur le pas de la porte du joaillier. En traversant le trottoir, il aurait pu l'apercevoir à la fenêtre si elle s'était penchée et avait agité un mouchoir. Quoique… La place Vendôme est large et, à cette heure-ci, le soleil était déjà bien à l'ouest, plongeant la façade du palace dans l'ombre du soir. Elle aurait pu voir une silhouette marcher d'un pas nonchalant vers la joaillerie. Dodi Al-Fayed était entré dans la boutique. La porte s'était refermée avec un bruit électrique. À l'intérieur, la température était descendue de dix degrés. On l'avait accueilli comme un prince : la bague était là, dans son écrin. Il s'était penché, n'avait pas osé parler ni même sourire. Il avait acquiescé, signé le bordereau, était ressorti, le cœur battant, les mains moites, s'était engouffré dans la Mercedes. La voiture était repartie, avait longé les autres boutiques établies sur la place : Chaumet, Boucheron, Van Cleef & Arpels, et l'avait déposé devant l'hôtel. Les photographes n'avaient rien vu. Mission accomplie.

Cette bague, ils l'avaient choisie ensemble, dix jours plus tôt, dans la suite d'un hôtel de Saint-Tropez où ils avaient retrouvé le joaillier venu leur montrer la collection repérée la veille ou l'avant-veille dans la vitrine d'une boutique à Monaco. Ils avaient flashé sur le bijou lors d'une escale en croisière, comme ils avaient flashé l'un pour l'autre, en croisière encore. Leur amour était né sur la Méditerranée, ils avaient remarqué cette bague sur un port de la Méditerranée, et lui aussi venait de la Méditerranée. Elle avait toujours eu une attirance pour le sable des plages, du désert, et voilà qu'elle avait rencontré un Égyptien, amoureux de la Méditerranée comme elle. Autre signe du hasard, la collection s'appelait : « Dis moi oui. »

Je ne suis pas porté sur les signes du destin, la lecture des lignes de la main ou les messages que sont censées nous envoyer les étoiles ; mais, comme beaucoup de ceux à qui j'ai eu affaire dans ma vie de policier, Dodi et Diana y croyaient dur comme fer. Dans la voiture à bord de laquelle ils s'apprêtent à traverser la ville en roulant à tombeau ouvert, ils croient en leur étoile, ils croient en leur bonne fortune, et tout résonne ainsi dans leur esprit ce soir-là, ce soir béni où elle lui dira oui, tout comme elle lui a déjà dit oui tout au long des mille et une nuits qu'ils ont passées ensemble au cours de ce dernier été. À la même heure, les rotatives de l'empereur de la presse populaire britannique, le quotidien du dimanche *News of the World*, achèvent d'imprimer les dernières copies des trois millions et quelques centaines de milliers d'exemplaires destinés à être livrés au petit matin dans les kiosques, pubs, maisons de la presse, librairies et foyers du royaume. Sur la page de couverture, on pourra bientôt découvrir les visages des fils de la princesse et le titre, en caractères noir profond : *« Mummy, don't marry him ! »* – « Maman, ne l'épouse pas ! ».

13

L'esprit d'Henri Paul est embrumé par l'alcool. Ses pensées, fugaces, se succèdent pour être aussitôt oubliées. Il a une conscience aiguë du présent, sa compréhension de la situation est même supérieure lorsqu'il est dans cet état-là : non seulement rien ne lui échappe, mais il devine tout. Simplement, ses observations, analyses et réflexions s'évaporent aussi vite qu'elles sont apparues. Sa mémoire instantanée fonctionne mal. Si l'on pouvait décomposer son raisonnement en millièmes de seconde, on comprendrait pourquoi lui ne s'en rend pas compte. Il a au contraire le sentiment de réfléchir mieux et plus vite que les autres. La mécanique de son cerveau s'actionne par éclairs. Il comprend que les photographes les ont rejoints. Il dénombre une moto et trois voitures. Puis il oublie combien de véhicules ont pris place autour d'eux, mais il enregistre le nombre de passagers sur la moto : ils sont deux, appareil photo en bandoulière. Ils chevauchent une BMW K1000, celle qu'utilisent les gendarmes français. Celle-ci ne sera pas facile à laisser sur place. Elle peut monter à 210, mais l'accélération n'est pas son fort, contrairement à sa VMax ! Et puis ils sont deux passagers. Ça devrait aller. Sa pensée est déjà ailleurs. Il note la marque d'un 4×4 semblant faire partie du groupe, un Pajero. Il le larguera sans problème. Prêt à écraser le champignon, il observe la voiture d'un autre photographe, une Fiat Uno, noire celle-ci. Il peut reconnaître à l'intérieur des photographes déjà aperçus plus tôt dans la journée. Leur véhicule est sous-motorisé. Il pourra le laisser sur place aussi. Imperturbable, il balaye la scène du regard, les iris roulant derrière ses lunettes, et observe la troisième voiture, une Peugeot 205 noire. Il la toise, ses lèvres esquissent un léger mouvement que quelques journalistes décriront comme une moue satisfaite. Il va la planter sur place elle aussi. Mais il ne dit rien. Il attend. Comme avant un duel. Comme dans un western. Ou sur le départ d'une course de Formule 1. Personne ne parle. Il n'y a pas un bruit. Toute la journée, les téléphones n'ont pas cessé de sonner. Tout à l'heure, en voiture, Diana a eu une longue conversation avec sa voyante, celle qu'elle a présentée à Dodi. Le couple était allé la voir chez elle, à la campagne, d'un coup d'hélicoptère, deux semaines plus tôt. Il était entré seul dans la salle de consultation et elle lui avait prédit l'avenir, mais en sortant il n'avait pas voulu révéler à Diana ce qu'elle avait vu. Les voyants, tout comme les astrologues, ne sont pas ce que l'on croit, des illuminés dont il faudrait prendre les visions au pied de la lettre. Ce sont plutôt des conseillers avec de l'intuition, des personnes ouvertes sur les phénomènes qu'on ne s'explique pas mais qui pourtant existent. Diana et la voyante sont du même signe astrologique, Cancer, alors elles se comprennent. Elle a gloussé tout à l'heure au téléphone en lui parlant de la bague qu'il allait lui offrir, et lui a souri en l'entendant en parler. Ils se tenaient la main.

Je ne crois pas à la réalité de la voyance, mais c'est un fait que les deux amants sont bien allés voir cette voyante, et qu'ils croyaient dur comme fer à ses prédictions ainsi qu'à celles annoncées par les autres spirites qui les entouraient. Le flic dans l'âme que je suis resté ne peut pas se permettre d'accorder du crédit à de telles informations. Mais il ne s'agit pas là d'une enquête policière. Je cherche juste à recoller les morceaux. Ils avaient appelé la voyante durant une croisière et elle avait annoncé le fameux présage de film de série B : « Je vois un grand danger, un accident… », qu'elle avait réitéré lors de leur visite surprise au cœur de la campagne anglaise, et à nouveau quelques heures plus tôt, au téléphone, alors qu'ils circulaient à bord d'une autre voiture de maître au cœur du trafic parisien. Elle avait répété la sentence, la même qu'ânonnent ces dames que l'on croise depuis toujours à la terrasse du Café de Flore à Saint-Germain-des-Prés. La voyante a vu un danger et leur en a parlé. Une autre voyante avait évoqué à Diana un accident de voiture. Ce sont des faits vérifiables, car déjà relatés dans la presse britannique, jamais démentis, et parfois même confirmés par Diana. Ils sont indicatifs de l'état d'esprit dans lequel baignent les passagers à l'arrière : ils sont dans un autre monde, mais un monde dans lequel ils sont ensemble, tous les deux. Alors je préfère le préciser. Elle a peur de mourir jeune. Lui a peur de périr dans un accident de voiture.

14

Au bout de la rue de Rivoli, le feu est encore au rouge. De l'autre côté de la chaussée, à gauche, sur la place de la Concorde, un autre feu vient de passer à l'orange. Une dernière voiture passe en trombe. Rouge : les voitures s'arrêtent. À droite, plus loin, les véhicules ont eux aussi cessé leur course vers la place de la Concorde, des piétons traversent dans les clous vers le Crillon, le palace rival qui veille en face de l'obélisque où fut décapitée deux cent quatre années plus tôt une autre princesse royale, coupable d'avoir épousé un futur roi. Marie-Antoinette archiduchesse d'Autriche, princesse impériale, princesse royale de Hongrie et de Bohême, et dernière reine de France et de Navarre, y fut en effet guillotinée le 16 octobre 1793, à midi. Elle avait elle aussi deux enfants, dont le plus jeune, Louis Charles, est mort en prison deux ans plus tard, en 1795, à l'âge de dix ans ; l'aînée, Marie-Thérèse, a été libérée et exilée la même année, à dix-sept ans.

Depuis deux jours, Diana annonce à ses amis qu'elle a décidé de renoncer aux dernières obligations princières auxquelles elle s'astreint encore. Elle est amoureuse, et l'homme qu'elle aime a une vie bien plus libre à lui offrir que celle à laquelle elle s'est pliée si longtemps. Il porte des bottes de cow-boy et jamais de cravate. Il connaît les boîtes malfamées de Saint-Tropez et l'y emmène danser. Il croit aux forces des astres et en une vie après celle-ci. La tour Eiffel brille dans la nuit. Henri Paul et Trevor Rees-Jones, le regard posé sur l'horizon, attendent que le feu passe au vert et les rapproche un peu plus du lendemain.

La voiture bondit, mais elle freine presque aussitôt au feu suivant. Henri Paul a dû capter le regard désapprobateur de Trevor Rees-Jones. Diana a peut-être eu un geste inquiet, tendu la main vers le siège de devant. Ils sont en face de l'Assemblée nationale, de l'autre côté de la Seine, qui ressemble à un temple grec. Dodi peut observer l'obélisque, rapporté d'Égypte par Napoléon. Il se fiche certainement qu'il ne soit plus dans le temple de Louxor, au bord du Nil. On le dit égyptien, mais il est anglais. Il ne pourrait jamais vivre en Égypte. Il y est né, mais n'en a gardé aucun souvenir. Des touristes traversent devant eux. Personne ne sait qu'ils sont là. Diana est à sa droite. Il peut la toucher. Il pourrait l'embrasser. Elle se laisserait faire. Elle aimerait cela. Certainement. Les photographes auraient leur cliché. Mais pas tout de suite. Il faudrait en avoir parlé, d'abord. Elle aime tout contrôler, elle a l'habitude. Lui, ça le dépasse.

Le feu passe au vert, et cette fois-ci Henri Paul fait lentement glisser la voiture jusqu'au feu suivant. Le bitume de la rue de Rivoli a laissé place à des pavés bosselés. La gomme des pneus gronde sur le sol irrégulier de la place. Diana regarde passer au loin l'église de la Madeleine, puis le Crillon. La voiture vire vers la gauche, elle longe les jardins des Champs-Élysées où Marcel Proust venait jouer enfant, à quelques mètres de l'ambassade de Grande-Bretagne où Diana serait descendue si elle avait toujours été mariée au futur roi. C'est un hôtel particulier où, les jours de beau temps, on peut jouer sur un terrain de tennis en gazon.

Avant son mariage, la princesse avait eu une vie normale, faite de plaisirs simples. Elle aimait s'occuper des enfants, gagnait sa vie en faisant du baby-sitting chez des amis de ses grandes sœurs. Gagner sa vie… elle aurait aimé en avoir besoin, comme les autres, comme tout le monde, mais elle est née du côté des gens aisés, dans une des plus anciennes familles du royaume. Si seulement ses parents ne s'étaient pas séparés... C'était sa mère qui était partie. Son père l'avait suppliée de rester, mais elle avait quitté le château pour s'installer à Londres. Il s'était opposé à ce qu'elle obtienne la garde des enfants ; alors, comme le prévoit la loi pour les familles aristocrates, c'était à lui qu'elle était revenue. Depuis plusieurs semaine, les angoisses et les rêves de Diana s'étalent dans les journaux : est-ce qu'on pourrait lui retirer la garde de ses deux enfants à elle aussi ? Que diraient-ils si elle épousait Dodi ? Il est musulman. Et alors ? Elle voudrait tant avoir une fille. Ils pourraient vivre ici, à Paris. Le duc et la duchesse de Windsor ont eu une belle vie dans leur hôtel particulier du bois de Boulogne. Quelle émotion de découvrir tous leurs objets, tout à l'heure ! On dit qu'ils y donnaient des fêtes fastueuses. On dit tant de choses. On dit qu'après la mort de son mari la duchesse y a vécu des années dans le coma, nourrie par une femme de chambre qui répondait à sa place au courrier et vendait parfois sous le manteau quelque bibelot pour payer les factures. Sur une commode, Diana a reconnu une carte qu'elle lui avait envoyée avec Charles. Ils avaient bien reçu sa réponse. Mais qui l'avait rédigée, alors ? Les objets avaient été vendus un à un par des proches du couple proscrit, discrètement, pour continuer à faire vivre cette maison fantôme sans demander d'argent à la famille royale. Mohamed Al-Fayed les avait retrouvés, pièce après pièce, envoyant des acheteurs dans le monde entier arpenter les antiquaires, les salles de vente et les chambres de notaires. Était-ce un signe ? Une prophétie ? Ils auraient pu y demeurer, tout à l'heure. Elle a toujours rêvé de vivre à Paris. Elle avait voulu rencontrer un homme né à l'étranger et tout recommencer. Ou plutôt, tout commencer, puisque sa première vie lui a été volée. Une voyante le lui a prédit.

15

Ils traversent la place, vers la Seine d'abord, puis vers les Champs-Élysées. Le feu est au rouge. Tout le monde attend. Les journalistes sont toujours là. Il est soûl. Il faut qu'il se concentre. Il faudrait aussi changer de lunettes. Dans celles-ci, les phares au loin forment comme des étoiles scintillantes. Il s'apprête à tourner sèchement sur la gauche, vers les quais, manœuvre interdite par un panneau que seul il a remarqué, un panneau à peine visible dont il se fiche pas mal, ce soir comme tous les autres soirs où il a ainsi coupé l'avenue des Champs-Élysées, juste avant que le flot de voitures descendant l'esplanade dans le sens opposé ne l'empêche de tourner ainsi brusquement. Quand il écrase la pédale d'accélérateur et vire à gauche, les passagers sont plaqués contre leur dossier. Dans les rétroviseurs de gauche et de droite, il voit disparaître les motards qui venaient de les rejoindre au feu.

Trevor Rees-Jones a raconté dans quel état mental il était ce soir-là. On peut en déduire la succession des idées dans son esprit. La Mercedes accélère fortement. Il voudrait dire au chauffeur de rouler moins vite, mais il préfère se taire de crainte d'irriter son patron. Il hésite à boucler sa ceinture. Ce serait plus prudent, mais tout le monde penserait qu'il est inquiet. Cela donnerait l'impression qu'il maîtrise mal la situation, qu'il la subit. Tant pis pour la ceinture, il est trop tard, et ce ne sera pas la première fois. Surtout en ville. Il ne la met pas souvent à Londres. À moins d'une course-poursuite. Il en a eu quelques-unes ces derniers temps, toujours avec Dodi Al-Fayed, pour fuir les photographes.

Le compteur est à 60 km/h. Il se dit encore qu'il aurait dû l'attacher. Les autres aussi auraient dû. C'est comme ça qu'était mort son père. Un accident idiot. Il repousse l'idée tout au fond de son esprit, cette idée noire qui ne cesse de revenir. Il aurait mieux fait de la mettre tout de suite, en s'asseyant.

Soixante-dix km/h. Il pense à nouveau qu'Henri Paul roule un peu vite. Il se dit qu'il faut laisser tomber, passer à autre chose, penser à autre chose. Penser qu'il est à Paris, par exemple, qu'il revient de croisière. Dix jours sur la Méditerranée. Son patron paye des millions pour vivre ainsi, et lui, on le paye pour être là.

Demain il sera à Londres, puis il rentrera chez lui, dans son village.

Les arbres se détachent sur le ciel bleu foncé. Les feuilles ont déjà des petites taches rousses, qui ressortent sur la masse sombre et verte des marronniers parisiens. Il est très fatigué. Il trouve ce boss vraiment désagréable. Il sait presque tout de Diana puisque les journaux en ont tout dit. Il a tout lu, comme tout le monde. Il sait que son mari l'a cocufiée toute sa vie, toujours avec la même femme. Il sait comment elle l'a appris, à la veille de son mariage, en découvrant les boutons de manchettes que Camilla Parker Bowles lui avait offerts, avec leurs initiales entrelacées, et qu'il portait toujours. La maîtresse avait eu l'audace de venir à l'église, devant tout le monde, au bras de son mari, l'éternelle couverture. Il sait que pendant leur voyage de noces, Charles passait son temps au téléphone avec sa maîtresse, qu'il avait emporté des photos d'elle, et qu'il les avait laissées tomber devant Diana, en pleine lune de miel. Trevor Rees-Jones sait aussi qu'elle a été boulimique pendant dix ans, qu'elle se faisait vomir après chaque repas, qu'elle ne l'est plus, mais que maintenant elle se fait faire chaque semaine une hydrothérapie. Il sait que son équilibre est fragile. J'imagine. J'ai tout lu moi aussi, et c'est ce que je pense, et je pense que si on avait tout lu, ce qui était le cas de tous les

Anglais à l'époque, et en particulier d'un garde du corps chargé de sa sécurité, on ne peut pas penser différemment. La vie de Diana a déjà été racontée dans ses moindres détails, depuis sa naissance jusqu'à la soirée de la veille. Tout ce que je sais aujourd'hui, tous les Anglais le savaient. Elle était belle, charmante, élégante, sophistiquée, drôle, sensuelle, mais sa vie personnelle l'avait déglinguée. Même elle savait que tout le monde était au courant.

À cet instant, si l'on pouvait faire un arrêt sur image, on pourrait voir une belle limousine en pleine accélération, légèrement penchée sur la gauche à cause de la force centrifuge trop forte pour pouvoir être totalement contrée par le correcteur d'assiette, avec, à l'intérieur, quatre visages pensifs, quatre passagers qui ne savent pas qu'ils n'en ont plus que pour une minute de quiétude, sans un bruit. Ils sont au calme. Leurs poursuivants sont largués. Ils ont la vie devant eux. Si l'on pouvait mettre le temps en suspens et prendre de la hauteur, on verrait au loin derrière eux la masse sombre du palace qu'ils viennent de quitter, noyée dans l'amas haussmannien de Paris, les jardins des Tuileries plongés dans la pénombre, la place de la Concorde dans cette lueur propre à l'éclairage des réverbères de la capitale, et la Seine coupant la ville en deux, traversée de ponts dorés, avec au loin la tour Eiffel, en face des jardins du Trocadéro aux perspectives monumentales. La voiture semble presque seule sur la place, à la perpendiculaire de l'avenue des Champs-Élysées dans laquelle elle ne s'est pas engagée afin d'éviter les feux et les embouteillages. Le long des quais qu'elle va bientôt emprunter, quelques voitures circulent. L'une d'entre elles, que l'on ne voit pas encore, va provoquer l'accident qui aura lieu dans moins de soixante secondes. Mais à cet instant, l'image est parfaite.

16

Diana et Dodi se ressemblent. Elle est comme lui. Il est comme elle. Un peu paumé, un peu largué, un peu capricieux, un peu sympa, un peu curieux, un peu ouvert, un peu fermé : un peu tout et rien. Il est richissime, mais ce n'est pas son argent. Son père lui donne ce qu'il veut, mais il le traite comme un enfant. Il n'a jamais vraiment su si ses amis le fréquentaient pour son esprit ou pour sa fortune, ni même si une femme l'a jamais vraiment aimé. Comme celui de Diana, son mariage a été un échec. Comme ceux de Diana, ses parents ont divorcé quand il était enfant, à une époque où cela ne se faisait pas. Et comme pour Diana encore, c'est son père qui a obtenu sa garde. Tous deux ont grandi loin de leur mère. La sienne à lui est morte brutalement dans un accident de voiture quand il était encore petit. Celle de Diana a rencontré un autre aristocrate et s'est installée à la campagne. Ils se ressemblent. Seule la religion les distingue. Mais eux croient plutôt en d'autres forces. Ils ont imaginé qu'ils pourraient se convertir ensemble à la religion catholique, celle de leurs mères.

Depuis deux mois qu'ils se fréquentent, ils ont fait deux croisières de dix jours chacune sur la Méditerranée, un séjour de dix jours à Saint-Tropez, deux week-ends dans le château anglais du patriarche égyptien, un week-end à Paris, et des dizaines de soirées dans son appartement de Mayfair. Ils ne se quittent plus. En Grande-Bretagne, c'est Trevor Rees-Jones qui servait de chauffeur. Il allait la chercher au palais, où elle conserve encore des appartements en tant que mère de l'héritier du trône ; elle montait à l'avant de son minivan et s'allongeait à même le sol une fois les grilles franchies, afin de ne pas être aperçue par le groupe de photographes qui se relayaient jour et nuit sous ses fenêtres. En arrivant chez lui, il fallait éviter un autre groupe de journalistes en attente devant le porche de son immeuble. Le service d'ordre tentait de les repousser alors que les portes s'ouvraient automatiquement pour laisser entrer la fourgonnette. On aurait dit un sous-marin rentrant à la base sous les feux ennemis. Il la raccompagnait à l'aube en recourant au même subterfuge. Ils se retrouvaient parfois à l'héliport pour se rendre à la campagne où les attendait toujours la même cour de fidèles qui les suivait partout, de Los

Angeles à Paris, de Saint-Tropez à n'importe quel port de la Méditerranée : le majordome français à la voix mielleuse, la masseuse américaine ésotérique, et parfois un autre chauffeur français du Ritz, celui qui a exceptionnellement cédé sa place ce soir-là au conducteur actuel de la Mercedes.

17

Conduire le patron égyptien, c'est un pas de plus vers une place au sein de sa garde rapprochée. Depuis plusieurs mois, Henri Paul prend des cours particuliers afin d'obtenir un brevet lui permettant de piloter un jet privé. Pourquoi pas celui de Dodi Al-Fayed ? C'est ce qu'il laisse entendre à qui lui demande ce qu'il fait dans la vie. Depuis le début de l'été, il lâche, un brin mystérieux, qu'il pilote des avions et qu'il est au service d'un client égyptien. Ce n'est pas un mensonge : il pilote bien des avions de tourisme, et le patron de l'hôtel pour lequel il travaille est bien égyptien. Mais il laisse entendre qu'il pilote le jet d'un milliardaire égyptien. Nous ne sommes pas très loin de la vérité ce soir. Sous l'effet conjugué de l'alcool, du Prozac et du Tiapridal, il se sent l'âme d'un pilote d'avion de chasse : le véhicule dont il a les commandes va bientôt s'élancer en direction de la ligne droite qui longe la Seine.

Demain il a un rendez-vous avec une jeune femme. Personne bien sûr ne saura jamais ce qu'il avait en tête et je projette : il a pensé à elle toute la soirée. Son image lui revient sans cesse, comme des flashs. Il aurait aimé l'avoir avec lui tout à l'heure, quand il est parti flâner tout seul dans le quartier. Au Harry's Bar, où il s'est enfilé un ou deux verres, il ne sait plus, il lui aurait fait découvrir le Bloody Mary, inventé dans ce même établissement un soir par Hemingway. Hemingway, qui descendait au Ritz. À l'époque de Henry Miller. Des gens qui savaient vivre. Il a lu tous ses bouquins, et a particulièrement aimé *Tropique du Cancer*, qui se déroule ici, dans les bars de Paris, ces petits bars comme ceux en bas de chez lui. Demain il la retrouvera au Bourgogne. Elle écrit des bouquins. Ou plutôt elle aimerait bien. Il l'y encourage. Avec tout ce qu'il voit et tout ce qu'il sait, il pourrait lui raconter et elle écrirait. Les flics, eux, aiment bien qu'il leur raconte. Ils aimeraient bien savoir ce qui se dit ce soir dans cette voiture. Rien. Pour l'instant. Mais plus tard, peut-être. Il connaît leur technique. On se retrouve dans un bar, on picole, et lui raconte. Et en plus ils payent bien.

Dans la poche de son pantalon, où il range son lourd porte-clés Canal+, il sent aussi une liasse de billets. Il a sur lui presque une brique en liquide.

18

Le 8ᵉ arrondissement est l'un des plus surveillés de Paris, avec son commissariat à quelques centaines de mètres, installé dans les entrailles du Grand Palais. Mais les flics se postent rarement là, et même s'ils y avaient été, il les aurait vus tout de suite, planqués comme d'habitude le long du trottoir de droite. Un coup d'œil derrière ses lunettes d'aviateur lui suffit pour s'assurer de leur absence. On dit que les nouveaux avions de chasse seront bientôt équipés d'un système de projection lumineuse des écrans de contrôle sur le pare-brise. Plus la peine de détourner son regard de sa trajectoire pour vérifier les divers cadrans. Heureusement qu'il est à la fois pilote d'avion, motard confirmé et habitué à ce type de véhicule. Et puis il connaît Paris comme sa poche. D'un clin d'œil, quittant la route des yeux l'espace d'un instant, il vérifie le cadran de vitesse dont l'aiguille monte doucement. C'était inutile :

qu'aurait-il pu découvrir d'autre au compteur ? Ce n'est pas un avion qu'il pilote, mais une voiture. Simple déformation professionnelle… Il en sourit intérieurement. En une fraction de seconde, la voiture a avancé d'une dizaine de mètres. Il regarde à nouveau devant lui. Pas de flics – mais ça, il le savait déjà. Il maintient la pression sur le volant et sur la pédale d'accélérateur et ramène la voiture vers la ligne droite. La sortie de virage s'est effectuée sans le moindre balancement. La perspective des Champs-Élysées, illuminée par les phares des véhicules, rouges à droite et blancs à gauche, disparaît définitivement derrière les arbres des jardins élyséens.

Henri Paul va bientôt pouvoir appuyer de toutes ses forces sur la pédale d'accélérateur. Une résistance va d'abord se faire sentir, puis elle cédera et la pédale s'enfoncera sans un bruit. Un léger déclic sous le pied, et la voiture rétrogradera comme si elle reprenait son souffle. Alors, le compte-tours bondira brusquement et le moteur vrombira tel un moteur d'avion au décollage, propulsant en avant les deux tonnes ouatées dont les passagers seront soudainement figés par la force G. Il patiente encore, sinon il lui faudra de nouveau ralentir avant le virage qui s'annonce à droite, et relancer encore le moteur afin de déplacer la puissance sur les roues arrière au moment de tourner le volant délicatement mais fermement. À cette vitesse, la direction assistée s'est raffermie et le maniement du volant demande une main plus sûre.

Henri Paul est un professionnel. Malgré le mélange alcool-médicaments qui circule dans ses veines et accélère autant qu'il ralentit le flux électrique parcourant les synapses entre les neurones du cerveau et de l'intestin, il sait qu'une telle manœuvre projetterait les passagers arrière contre la garniture de la portière de gauche, et peut-être même le garde du corps contre son propre siège. Il ne lui a pas échappé à lui non plus que personne n'a bouclé sa ceinture. Alors il attend encore et se contente d'accélérer fermement mais pas trop. La voiture se déplace à la vitesse de 70 km/h, ce qui est déjà une prouesse puisqu'elle était arrêtée quelques secondes plus tôt. La poussée s'est faite sans à-coup, dans un long sifflement, ressenti comme un confortable bercement par les passagers. Vu de l'extérieur, le carrosse dans lequel ils ont le sentiment d'être transportés ressemble surtout à une masse sombre rugissant brusquement dans une inquiétante accélération vers la Seine, à quelques dizaines de mètres de là.

Trevor Rees-Jones calcule que si le moindre obstacle jaillit à cet instant-là, devant eux sur la chaussée, plus rien ne pourra plus être tenté pour l'éviter.

À l'arrière, les deux amoureux admirent la vue qui se dessine à travers le pare-brise du conducteur. De l'autre côté de la Seine, à gauche de l'Assemblée nationale, ils remarquent une baie vitrée en forme de croissant éclairée aussi fortement qu'une pleine lune. Les mêmes pensées que les miennes leur traversent-elles l'esprit ? Qui vit là ? Qui sont-ils ? Quelle est leur vie ? Sont-ils heureux ? Ont-ils trouvé l'amour ? Toutes ces questions banales que l'on se pose ainsi quand on roule dans une ville la nuit.

19

Les spots de bateaux-mouches peignent la façade de l'Assemblée nationale de nuances dorées fluctuantes. Des touristes se promènent en chemisette. Un couple s'embrasse sous un arbre. On dirait des Asiatiques. Il porte une veste multipoches, elle une robe courte. Dans l'habitacle silencieux, il fait toujours aussi frais. Dodi trouve Diana incroyablement belle ce soir, maquillée ainsi. Il pourrait défaire sa ceinture Ralph Lauren, taille 30 – il a vérifié tout à l'heure dans la suite de son appartement alors qu'elle se douchait, la porte mi-close, et que lui finissait de se changer, briefant par téléphone le majordome pour le programme du soir, lui expliquant où il aimerait qu'il serve le champagne quand ils rentreraient, dans la chambre, là où il lui offrirait la bague qu'il lui a achetée. Il pourrait déboucler sa ceinture, ici, dans la voiture. Ni Henri Paul ni Trevor Rees-Jones ne verraient rien, pas plus que les journalistes qui sont maintenant loin derrière. Diana a honte de son ventre, souvent elle le cache sous son poignet, aujourd'hui orné d'une montre Jaeger-LeCoultre en or pur et pleine de brillants aussi scintillants que ses dents ; mais lui, ça l'attendrit cette gêne, alors qu'elle est considérée dans le monde entier comme une des plus belles femmes qui soient. Il est romantique ce soir, il pourrait lui dire tout cela, un genou à terre, là, maintenant, et caresser ce petit ventre qu'elle tient toujours rentré, faisant saillir ses abdominaux, se cambrant comme elle l'a fait au bout du plongeoir du yacht, dans la baie de Villefranche-sur-Mer, face aux journalistes français, anglais et italiens rougis par le soleil qui attendaient, transpirants, entassés dans leurs hors-bord de location, guettant le signal. Il aime lui parler comme on parle à une princesse des mille et une nuits, lui dire ces mots trop sucrés, débordants de dorure. Elle lui a répondu qu'elle aussi elle l'aime. Elle veut qu'il le lui répète, tout le temps, parce que son mari, lui, ne le lui a dit que le soir du mariage. Elle dit qu'il parle comme un prince d'Orient, avec dans la bouche toutes ces belles images pleines de soleil.

Il n'a jamais vécu en Orient, mais c'est ce qu'elle voit en lui, souvent – tout à l'heure encore, au restaurant du palace. Elle veut un roi du désert aussi, durant leurs croisières, elle a demandé sans cesse qu'on joue la musique du *Patient anglais*, film dans lequel une femme mariée tombe amoureuse d'un aventurier étranger. Ces images sont dignes d'un roman à l'eau de rose, mais elles sont fidèles aux déclarations de Diana à ses amis qui, tout au long de son mariage raté, l'ont écoutée parler ainsi des heures au téléphone. Tous les jours, lorsqu'elle ne savait pas comment faire pour que son mari l'aime, elle, plutôt que l'autre, quand elle aurait aimé qu'il la regarde, lui parle, la caresse, l'embrasse, tendrement, amoureusement, puis quand elle a commencé à se demander si un jour quelqu'un d'autre pourrait l'aimer, si elle pourrait divorcer avant d'être trop âgée pour pouvoir refaire sa vie, peut-être se remarier et avoir d'autres enfants – au moins une fille.

Alors il joue le rôle du prince égyptien. Il lui offre des cadeaux, des baisers et de jolis mots qui l'emportent lui aussi, en même temps qu'elle, et il se demande ce qu'elle dira si elle découvre un jour qu'il n'est en fait rien que le fils de son père, un héritier plus tout jeune, fatigué des histoires d'amour ratées, des fins de nuit dans des clubs déserts, trop pleins de cocaïne et de relations intéressées, un jeune homme bientôt vieux, un fils incapable qui n'a pas réussi à accomplir ses rêves de producteur de cinéma et s'est fait rouler publiquement à Hollywood, un panier percé qui doit tous les mois supplier son père de régler les factures oubliées dans les palaces du bout du monde, où il a passé des nuits dont il ne se souvient même plus.

20

J'ai fait lire les premières pages du manuscrit à ma femme, Yasmina, et elle m'a dit que je n'étais pas tendre avec Dodi Al-Fayed, présenté comme un fils à papa bon à rien ou presque. Elle m'a dit aussi qu'elle avait découvert en lisant ces premières pages que Diana n'était pas physiquement parfaite, et cela l'a troublée. Que ces descriptions sans concession ne me ressemblaient pas. La femme au teint pâle et au visage préraphaélite que j'allais voir arriver quelques instants plus tard sur une civière, et qui vient souvent me visiter dans mes rêves, était pourtant une des plus belles femmes que j'ai jamais vues. C'est ainsi que je m'en souviens. Quant à l'homme qui à cet instant de l'histoire, à ce moment-là de sa vie où la voiture n'a pas encore pris tout son élan, et qui d'un simple mot pourrait encore dire au chauffeur de ralentir, je ne pense pas qu'il n'était qu'un héritier sans intérêt. J'ai lu dans un numéro de *Vanity Fair* daté de 1997 qu'il avait toute sa courte vie plus ou moins dilapidé la rente colossale que lui allouait son père tous les mois. Il avait dépensé des sommes inouïes en fêtes somptueuses fréquentées par toutes sortes de compagnons de la nuit, demi-acteurs hollywoodiens, amis de jeunesse aussi fortunés que lui rencontrés dans les pensions suisses, réalisateurs de renom espérant le financement de divers projets plus ou moins pharaoniques. Il avait laissé des factures impayées dans des palaces du monde entier jusqu'à ce que son père, agacé par sa nonchalance apparente et son goût de la fête, décide de couper le crédit de ses cartes bancaires, factures que le même père finissait toujours par régler quelques jours plus tard, non sans l'avoir sévèrement sermonné publiquement : devant ses fiancées, ses amis, ou un employé présent par hasard lors de ces scènes humiliantes. Mais j'y ai lu aussi qu'il avait eu suffisamment de sensibilité pour avoir osé faire financer par son père le film *Les Chariots de feu*, dont à Los Angeles personne n'avait voulu et qui allait remporter quatre oscars en 1982. Quelques jours après sa mort, le réalisateur et le producteur dont il avait financé le projet, alors qu'ils étaient une joyeuse bande de copains de trente ans, n'hésitèrent pas à qualifier cruellement le jeune producteur de « bonne pâte », comme s'ils craignaient que l'on sache qu'ils n'auraient jamais pu réaliser leur rêve sans l'aide du fameux bon à rien. J'ai rencontré plusieurs personnes du monde de la nuit parisienne qui l'avaient bien connu, et qui toutes m'ont confirmé qu'il était un être délicat, sympathique et charmant, ce que d'ailleurs plusieurs de ses amoureuses du passé – toujours présentées par la presse comme des « maîtresses » ou des « conquêtes », laissant entendre par là que seul son argent avait pu les séduire – ont exprimé dans les jours qui ont suivi son décès, juste avant qu'on le présente comme celui qui avait provoqué l'accident, ayant donné l'ordre au chauffeur ivre de prendre le volant.

Je ne pense pas qu'il était un simple benêt argenté. Mais c'est ainsi que le considérait son propre garde du corps, choisi et payé par son père, comme il l'a d'ailleurs écrit lui-même dans l'ouvrage qu'il a publié en 2000. C'est ainsi également que la presse anglaise l'avait présenté lorsqu'elle avait découvert que Diana le fréquentait – et, pour dire les choses crûment, couchait avec lui –, cette même presse tabloïde, si proche du prince Charles et de la couronne d'Angleterre, qui depuis vingt ans décrivait Diana comme une femme-enfant capricieuse.

21

Selon la théorie d'Einstein, le temps s'écoule moins vite à l'intérieur des corps en mouvement qu'à l'extérieur. L'équipage d'un vaisseau spatial tournant pendant une année autour de la Terre à la vitesse de la lumière ne vieillira que d'un an, alors que les habitants de la Terre auront vieilli de vingt ans. Dedans le temps ralentit, dehors il suit son cours. Le sentiment d'arrêt sur image que l'on peut ressentir en voiture ou en avion n'est pas seulement une impression. C'est une réalité mesurable et mesurée. À la vitesse qu'est en train de prendre la Mercedes dans la ligne droite de près d'un kilomètre qui s'étire de la Concorde au treizième pilier du pont de l'Alma, passant de 50 km/h au début de sa course à plus de 180 km/h, peut-être même près de 200 km/h au sommet de son accélération, la différence ressentie est immense. On est bien loin de la vitesse de la lumière, mais un décalage s'opère tout de même. Dans l'écrin de cuir et de ronce de noyer aux vitres doublées, le bruit du moteur émet un chaleureux ronronnement. Dehors, c'est un son strident que l'on entend venir de loin.

Sur la gauche, les statues de bronze délavées, devenues vert émeraude et sur lesquelles scintillent quelques pièces redorées à l'or fin, se détachent entre le feuillage des marronniers et le ciel qu'éclairent les lumières de la ville. C'est le pont Alexandre-III, avec au loin le dôme des Invalides où, Diana et Henri Paul le savent, repose Napoléon 1er. À droite, les verrières du Grand Palais sont éclairées comme le ventre du Nautilus.

La voiture s'engouffre dans le premier tunnel. Elle se déplace de plus en plus vite, la caisse enfoncée sur ses roues arrière, le capot relevé sous la force de l'accélération, les phares dirigés trop haut vers le plafond de la longue tranchée aux couleurs orangées.

Diana Spencer pose sa tête sur l'épaule de Dodi Al-Fayed. Trevor Rees-Jones ne dit rien, hypnotisé par la sortie du tunnel qui se rapproche de plus en plus vite, Henri Paul s'apprête à relever de quelques millimètres son pied de l'accélérateur pour mieux aborder la pente ascendante. À cet instant, les quatre passagers savourent le calme du véhicule bercé par le sifflement de l'air sur le pare-brise en verre feuilleté et la carrosserie de tôle rutilante, c'est une masse d'acier se mouvant dans un bruit de moteur assourdissant que l'on peut entendre dans le tunnel presque vide. Il suffirait d'un rien, un pneu qui éclate, un éternuement du conducteur, pour que la voiture valse dans le décor, signant instantanément l'arrêt de mort de ses passagers. Mais Henri Paul a le volant en main.

Trevor Rees-Jones dira que ces derniers temps il pensait beaucoup à son ex-femme qui venait de lui annoncer qu'elle allait refaire sa vie. Il hésitait : l'appeler tout de suite, depuis Paris, ou bien la faire attendre un peu. Il savait qu'elle voudrait tout savoir de son voyage avec Diana. À l'arrière, les mains s'entrelacent. La voiture approche de la sortie. Quinze secondes viennent de s'étirer, et il n'en reste plus que quinze autres avant le crash. Une éternité, forcément, pour les trois passagers qui vont mourir. Seul Trevor Rees-Jones aura une vie entière pour s'en souvenir. Ou plutôt, pour essayer d'imaginer ces secondes-là, les dernières de sa vie d'avant, volatilisées de sa mémoire, broyées par la violence de l'accident.

22

Les objets que la police française référencera bientôt dans un ordre déshumanisé et aléatoire sont encore des accessoires de luxe : une montre Jaeger-LeCoultre, un bracelet à six rangs de perles blanches avec fermoir en forme de dragon, une bague articulée en métal doré et pierres serties, une boucle d'oreille en métal doré – la seconde boucle d'oreille sera retrouvée plusieurs jours plus tard incrustée dans le plastique du tableau de bord – une paire d'escarpins, à bouts pointus, de couleur noire, de marque Versace, taille 40, une ceinture de femme en cuir, noire, de marque Ralph Lauren, voilà pour Diana. Les autres objets seront consignés pêle-mêle, notamment une montre Cartier, un chronographe Breitling, une montre Citizen, un étui à cigares Salvini, un coupe-cigares Asprey, un bipeur Hutchinson, un répertoire téléphonique anglais, un briquet Bic et un trousseau de six clés sur un porte-clés Canal+. Tous ces objets personnels sont alors bien à leur place. Ils sont presque vivants. Ils emplissent l'espace de la voiture et celui de la vie de leurs propriétaires au gré de leur imagination et de leurs souvenirs. Ils en sont une extension exponentielle. Diana porte au poignet le plus petit modèle de la marque Jaeger-LeCoultre, créé quarante ans plus tôt pour le couronnement de la reine Élisabeth. Dodi l'a effleuré quelques instants plus tôt. La montre est un peu fantaisiste et indique l'heure de façon approximative. Il est presque minuit. Plus que quelques secondes.

23

Dans le couloir de l'hôpital où j'attendrai l'arrivée de la princesse encore vivante, un collègue m'affirmera sans hésiter que l'accident a été provoqué intentionnellement par un motard armé d'une torche aveuglante, thèse qui sera corroborée plus tard. Plusieurs témoins affirmeront en effet avoir aperçu un motard, avec ou sans passager selon les versions, à proximité de la voiture qui semblait à sa vitesse maximum potentielle, fixée aux alentours de 200 km/h. Un motard était-il cramponné à son guidon, roue à roue avec la masse d'acier en pleine ascension vers la sortie du premier tunnel ? S'agissait-il d'une moto transportant un photographe avide d'un cliché à sensation ? Ou bien d'une moto des services secrets qui cherchait à provoquer un accident ? Plusieurs témoignages abondent dans ce sens, mais tous ne sont pas dignes de confiance, et mon intime conviction me dit que ce n'est pas ce qui s'est passé. Il n'est pas possible de prouver de façon irréfutable qu'il ne s'agit pas d'un attentat. Mais il est tout autant impossible de démontrer qu'Henri Paul a été intentionnellement poussé à la faute.

Les quatre passagers sont alors loin de ces considérations. Ils sont vivants, éternels, immortels et, quittant la couleur jaunâtre du tunnel qui leur donnait à eux aussi un teint jaunâtre, ils planifient mentalement la suite de leur soirée, la journée du lendemain, la semaine prochaine et même les années à venir.

La Mercedes roule silencieusement à plus de 160 km/h. L'aiguille monte encore. Rapidement.

Le cœur du chauffeur, que l'on examinera bientôt sur la balance de l'Institut médico-légal de Paris, se serre peut-être alors qu'il lève légèrement le pied, provoquant une décélération. Les corps des quatre personnes pèsent moins lourd l'espace d'une fraction de seconde. La caisse de la voiture, plus d'une tonne de métal, se détache des roues, puis retombe sur les suspensions alors que le moteur n'entraîne plus la transmission. C'est comme s'ils planaient. Ils jouissent encore de l'accélération grisante de la voiture sortant à toute vitesse du premier tunnel.

Devant eux, sur la droite, une moto avec deux passagers. La Mercedes se positionne sur la voie de gauche pour la dépasser.

24

Seul Henri Paul sait qu'il devrait sortir sur la droite, devant l'ambassade du Congo puis celle du Brésil, et longer la contre-allée pavée du cours Albert-1er, passer au-dessus du tunnel de l'Alma et remonter l'avenue George-V vers l'appartement situé au pied de l'Arc de triomphe, rue Arsène-Houssaye. Mais il ne s'en rappelle qu'au moment où la sortie lui passe sous les yeux, alors qu'il double la moto placée entre la voiture et la bretelle qu'il vient de rater.

Il aurait fallu ralentir plus tôt, ne pas doubler le deux-roues. Il va trop vite pour pouvoir regarder le compteur de vitesse.

De la main droite, Trevor Rees-Jones attrape machinalement sa ceinture de sécurité, comme un parachutiste qui réalise que la toile n'est pas ouverte au-dessus de lui et tire sur le déclencheur de secours, désespéré. Il la ramène au-dessus de son épaule puis le long de son ventre vers la boucle située à gauche de son siège.

25

Nous y sommes. La mécanique est en place. Plus rien ne pourra la changer. Tout à l'heure, Dodi Al-Fayed aurait pu ne pas réclamer ce chauffeur-là. Henri Paul aurait pu avouer qu'il n'était pas en état de conduire. Il aurait pu ne pas avoir bu. Trevor Rees-Jones aurait pu s'opposer à ce qu'ils partent sans escorte par la porte de derrière. Il aurait pu boucler sa ceinture. Henri Paul et les deux amoureux aussi. Ils auraient pu ne pas venir dîner à l'hôtel, rester dans l'appartement de l'Étoile, ou poursuivre leur repas à L'Espadon et non pas dans la suite. Ils auraient terminé leur dîner plus tôt, la voiture qu'ils vont percuter dans quelques secondes n'aurait pas été là. Mais il est trop tard. Henri Paul est bel et bien un homme qui parfois abuse de la boisson. Mes copains policiers me raconteront avoir retrouvé dans son appartement, sur l'étagère de l'entrée, des bouteilles entamées de crème de cassis, de Ricard, de Suze, de porto et de bière, dans un bar des bouteilles de Martini blanc, vodka, pineau, Suze et vin cuit, dans le réfrigérateur de la cuisine une bouteille de champagne et deux de bière, et dans un autre placard de la cuisine, des bouteilles entamées de Ricard, de bourbon Four Roses et de Martini blanc.

Pour les trois passagers qui, dans une seconde, au moment où ils sentiront le choc brutal du freinage imprévu, n'auront plus ni le temps de prononcer un mot, ni aucun pouvoir, il ne restera plus qu'à espérer qu'Henri Paul ait les bons réflexes, que la voiture, réputée sûre et précise, réagisse convenablement, que les systèmes de protection du véhicule leur épargnent des dommages corporels. Mais ils ont encore une seconde devant eux. C'est leur dernière seconde d'insouciance. Ils ont le temps d'embrasser la vue des bateaux-mouches sur le fleuve à gauche et au loin les lumières de la tour Eiffel. Ils ont le temps de s'imaginer toute une vie. Ils peuvent se toucher, se regarder. Ils pensent. La seconde qui est devant eux est encore divisible à l'infini. Une seconde, une demi-seconde, un quart, un centième, un millième : ils ont tout leur temps.

26

La seconde est passée. La voiture a dépassé la moto et se dirige vers la file de droite, mordant sur les lignes blanches qui séparent les deux voies, en direction du tunnel de l'Alma. Dans une page, elle va voler.

27

Elle vole comme je me suis moi-même envolé en empruntant à de nombreuses reprises ce tunnel orangé qui rappelle les films de courses-poursuites de la fin des années 1970 et du début des années 1980, les longs-métrages de Claude Sautet, dans lesquels le cinéaste a figé cette époque de flics corrompus et de voyous d'honneur, celle des cavales à la Jacques Mesrine. Le premier tunnel ressemble à un décor de cinéma de ces années-là, et c'était toujours cette image que je voyais lorsque je m'y engouffrais, aux trousses d'un truand au volant de son véhicule. Gyrophare sur le toit, je l'ai souvent parcouru, accélérant entre les files de voitures s'écartant au son de la sirène, ou bien la nuit, alors que la chaussée était déserte, avec en ligne de mire celui que je tentais de rattraper. La ligne droite s'allonge sous les néons jaunâtres, puis la remontée vers la surface et le soleil le jour, les étoiles la nuit. Le décollage a lieu juste un peu plus loin, alors que la piste goudronnée va plonger à nouveau vers le deuxième tunnel, dans une courbe qui s'oriente vers la gauche, et qu'il faut ainsi attaquer par la gauche pour retomber à cheval entre les deux voies, le volant bien droit.

Trente-quatre personnes ont perdu le contrôle de leur véhicule à cet endroit exactement. Huit y ont laissé la vie, tout comme j'ai bien failli y rester le jour où on nous avait lancés à la poursuite d'une bande de voyous en fuite dans le quartier du Trocadéro. Mon ami Philippe tenait le volant de la voiture banalisée que nous avions empruntée au commissariat du 6e arrondissement. À la sortie du premier tunnel, il relâcha le pied qu'il maintenait depuis plusieurs secondes enfoncé de toutes ses forces sur la pédale d'accélérateur. L'aiguille du compte-tours sortit du rouge et celle du compteur de vitesse redescendit doucement. Elle allait repasser sous la barre des 140 km/h. Sous l'effet de la force centrifuge, la voiture se déportait vers la voie de droite. Soudain, la voiture sembla tomber dans un trou d'air. Les quatre roues quittèrent le sol. La sirène deux tons continuait de hurler. Je décollai de mon siège, les objets posés sur le tableau de bord se dispersèrent partout dans l'habitacle. Nous volions. Un quart de seconde à peine, peut-être un dixième, mais nous volions. Légèrement de biais en direction du bas-côté. Philippe braqua le volant vers la gauche, geste réflexe qui n'eut aucun effet, les roues ayant perdu tout contact avec le sol. Lorsque les pneus touchèrent à nouveau la surface goudronnée, les deux roues avant toujours tournées vers la gauche, notre voiture fut catapultée hors de sa trajectoire, vers l'intérieur du virage, évitant ainsi le mur de droite vers lequel nous nous dirigions l'instant d'avant. Mais elle avançait maintenant en crabe vers les piliers. Philippe n'eut qu'à laisser glisser le volant de quelques centimètres entre ses doigts pour que notre voiture reprenne sa course en ligne droite. Ainsi nous avons évité le choc mortel avec le bord droit du tunnel, puis avec les piliers de gauche. Nous avions littéralement frôlé la mort.

Que s'était-il passé ? Je l'ai compris lors d'une de mes nombreuses inspections sur le site. Une dizaine de mètres en amont de l'entrée du tunnel, il y a une cassure dans la chaussée. La pente s'accentue brusquement, passant de cinq à dix pour cent. À 150 km/h, l'effet tremplin réduit le poids, donc la traction du véhicule. Si Henri Paul doit changer de direction à ce moment précis pour négocier un virage ou éviter un obstacle, il est obligé de braquer violemment le volant.

28

En reprenant contact avec le sol, la voiture s'enfonce sur ses suspensions.

Une Fiat Uno blanche, celle que la police recherchera pendant des mois sans jamais la retrouver, est placée juste devant. Elle se déplace vers l'entrée du tunnel à une vitesse d'environ 60 km/h, la Mercedes roule à au moins 110 km/h, soit une différence de plus de 50 km/h. C'est une petite voiture avec, juché sur la plage arrière, un petit chien à la tête dodelinante comme on en voyait sur les autoroutes françaises à la fin des années 1970. Ce chien de pacotille sera l'une des dernières visions qui s'offrira à Henri Paul avant qu'il meure. Dans moins d'une demi-seconde. Il n'a pas le temps de comprendre que c'est un vrai berger allemand. Dans son esprit embrumé, Henri Paul calcule le degré de rotation à donner aux roues avant pour la doubler par la gauche. Du bout des doigts il fait pivoter le volant gainé de cuir. Il la frôle. Son cerveau perçoit tout. L'insouciance du patron à l'arrière, enfin détendu depuis qu'il sait les journalistes largués grâce à sa conduite à lui. Il a vu dans le rétroviseur le regard bleu de Diana. Leurs regards se sont croisés. Elle le regarde lui, conduire la voiture comme un pilote d'avion, un avion de chasse, elle observe ses doigts sur le cuir. Grisé et sûr de lui, il ressent une incroyable tension. C'est Trevor Rees-Jones, cet imbécile, qui le foudroie du regard en espérant lui faire comprendre qu'il roule trop vite, comme s'il ne le savait pas. Il a toujours roulé vite. Il fend l'air. Il sourit.

29

Le choc avec la Fiat Uno a fait voler en éclats le plastique de son phare arrière gauche. La voiture a été violemment percutée. Dans la Mercedes cela n'a pas produit le moindre son, pas même une vibration. Le pare-chocs a si bien amorti l'impact de la collision que les passagers n'ont rien senti. Ils n'ont pas conscience qu'un accident vient d'avoir lieu, et que le véhicule accidenté est celui dans lequel ils circulent.

30

Mais la voiture dévie de sa trajectoire. Elle glisse tout droit vers les pylônes en béton qui retiennent la voûte du tunnel. Elle glisse. Henri Paul réagit comme les conducteurs amateurs, les jeunes bacheliers à qui l'on vient d'offrir leur première voiture et ces bourgeoises dont il méprise la conduite approximative : il enfonce de toute la force de sa jambe droite la pédale de frein au lieu de doser le freinage afin que les roues ne se bloquent pas, entraînant une glissade et une perte de contact des pneus avec le bitume. Le système d'antiblocage des roues corrige l'erreur en atténuant la pression des mâchoires de frein sur les quatre disques pour que les roues conservent une rotation minimale et éviter que la voiture ne parte, entraînée par son propre poids, vers le défilé de poteaux de pierres. Le système d'antiblocage des roues consiste à relâcher les freins de façon automatique, par à-coups : les roues se bloquent une fraction de seconde, la gomme des pneus se déchire sur le sol, le véhicule dérape, la pression se relâche, les roues reprennent leur révolution, les pneus adhèrent à nouveau, la voiture se redresse. La mécanique du système produit un bruit de crécelle qui se mêle au crissement des Michelin fondant sur le goudron. La Mercedes se redresse.

31

Trevor Rees-Jones, qui a tout vu, est resté calé dans son fauteuil. À l'arrière, les passagers ont été violemment projetés vers l'avant. La mousse sous le cuir des sièges du chauffeur et du garde du corps a amorti le choc. Tous deux ont eu le temps de se protéger le visage, ils se redressent pour reprendre place sur les sièges arrière. Ils ont eu de la chance.

32

L'histoire a retenu que la Mercedes s'était écrasée sur le treizième pylône du tunnel, oubliant que, juste avant – une éternité à l'échelle du peu de temps de vie qui restait aux passagers –, Henri Paul a d'abord évité de percuter une Fiat Uno blanche – il l'a seulement accrochée – puis, surtout, le troisième pylône vers lequel la voiture se dirigeait alors, et qui aurait dû les tuer tous les quatre sur le coup. Personne ne se souvient qu'avant de les tuer Henri Paul a d'abord sauvé la vie de ses passagers.

Le choc avec la Fiat Uno, suivi de la trop forte pression sur la pédale de frein, a précipité la voiture vers la gauche et son alignement de piliers. Selon toute probabilité, leur course aurait dû s'arrêter là, contre l'angle du troisième pilier. Heureusement, Henri Paul n'était pas un chauffeur comme les autres. Bien que sous l'emprise de l'alcool et d'antidépresseurs, ses réflexes étaient intacts. Rompu au pilotage des motos de sport et des avions, il a relâché la pédale de frein, incliné le volant sur la droite, doucement, afin de ne plus perdre le contact avec le sol en lançant la voiture dans un nouveau dérapage, parvenant brillamment à modifier la trajectoire. La roue avant gauche a frôlé le trottoir. Le pneu s'est enfoncé, menaçant d'éclater, l'arête du parapet a atteint la jante, mais la courbe a continué de s'inverser sous la pression du volant que le chauffeur maintenait tourné vers la droite. La roue a mordu le trottoir, le pilier était devant, il l'a frôlé du pare-chocs avant mais a su s'en écarter pour se diriger vers le centre du tunnel.

Henri Paul a probablement eu le temps d'imaginer qu'il avait réussi à sauver sa peau, et peut-être même de penser avec satisfaction qu'il avait sauvé son patron et la princesse, oubliant très probablement la présence du garde du corps mortifié à ses côtés.

Telle est l'histoire qu'Henri Paul aurait pu raconter plus tard, si la Fiat Uno blanche n'avait pas caché un autre véhicule…

33

En attendant, le temps continue de filer. Les doigts du garde du corps tâtonnent toujours la boucle de la ceinture à sa gauche. Cela fait plus d'une seconde. Son cerveau attend le cliquetis depuis une éternité.

34

Ils sont toujours en vie lorsque le second véhicule apparaît dans leur champ de vision. Derrière ses lunettes trop grandes, Henri Paul n'a pas la tête à observer les détails de cette scène si souvent décrite depuis : le visage du conducteur de la BX qui racontera avoir vu dans son rétroviseur une Mercedes lui foncer dessus, les véhicules placés derrière les piliers, roulant dans l'autre sens, ralentissant de façon réflexe en apercevant le mouvement anormal de la Mercedes et de la BX dont les masses se rapprochent. Il n'a pas le temps de se concentrer sur ces détails, pour lui sans importance, mais que la police française s'échinera à reconstituer avec tant d'application. Il n'a pas la tête à ça. Il doit prendre des décisions. Il doit agir. Quoique toujours embuée par l'alcool et les médicaments, la cervelle de l'homme d'action qu'il n'a jamais cessé d'être continue de fonctionner. Sa voiture semble glisser de plus en plus vite vers le hayon de cette BX jaillie d'une autre époque. Écraser la pédale de frein, c'est risquer de perdre à nouveau le contrôle de la Mercedes. Ne pas le faire, c'est aller s'encastrer dans cette drôle de voiture qui roule là, si lentement, juste devant. Il va utiliser le frein moteur : il ôte sa main droite du volant et la pose sur le levier de vitesses, le même que celui de sa Mini Cooper avec laquelle il sait faire des talons-pointes, mais il n'y a pas de pédale d'embrayage, il force sur le levier, le fait basculer en arrière, il a oublié, c'est une boîte automatique. La voiture est au point mort, elle est en roue libre, elle flotte, il enfonce la pédale de frein, à nouveau, dérapage, système antiblocage : la Mercedes ne répond plus, elle vire à nouveau vers la gauche, vers les piliers. Vers le treizième pilier.

35

On ne peut pas dire s'ils pensent – ou s'ils croient – qu'ils ne vont pas mourir. Ils n'ont pas le temps de réfléchir ainsi. Mais ils n'ont pas le temps non plus de réaliser qu'ils vont disparaître, ou juste de l'imaginer. Ils sont simplement terrifiés, et ils espèrent encore pouvoir vivre. Ces pensées ne sont pas formulées. Elles ne sont pas conscientes. Mais elles existent. Tout en eux fonctionne parfaitement et ils font encore partie de la réalité qui les entoure. Ils n'ont mal nulle part. Ils existent. Ils n'ont aucune conscience de la scène telle qu'on pourrait la décrire vue de l'extérieur : une Mercedes lancée à plus de 100 km/h va percuter de plein fouet un pylône de béton. Aucun des passagers n'a attaché sa ceinture de sécurité.

36

Ce n'est pas le cliquetis de la boucle de ceinture tant attendu que Trevor Rees-Jones entend. Il n'entend plus rien. Personne n'entend plus rien. Les tympans des passagers ont presque explosé sous l'effet de la déflagration provoquée par le fracas conjugué du choc dans le pilier et celui de l'ouverture des airbags. La voiture vient en effet de s'encastrer dans le treizième pylône du tunnel de l'Alma. Sa vitesse est passée en un claquement de doigts de 100 km/h à presque zéro. Elle n'est pas encore complètement à l'arrêt. Elle le sera dans 150 millièmes de seconde, lorsque toute la carlingue aura fini de se compresser et que les corps et objets qu'elles renferment auront cessé de voler. Le temps d'un clignement de paupières.

37

L'accéléromètre a capté le choc et déclenché les rétracteurs de ceintures. Si les occupants les avaient attachées, leurs corps, actuellement projetés vers l'avant, auraient été retenus, puis ramenés en arrière, vers le dossier de leur siège, afin de mieux les protéger des masses solides et compactes qu'ils vont aller percuter de plein fouet : le volant pour le conducteur, la planche de bord pour le passager avant, et les sièges avant pour les deux passagers arrière.

Les corps s'envolent et entament leur mouvement vers le pare-brise déjà brisé en mille éclats de verre feuilleté. Le temps d'un clignement de paupières donc – 150 millisecondes – n'est toujours pas écoulé : 50 millisecondes seulement se sont égrenées et les quatre passagers sont maintenant en lévitation. Ils ne touchent plus le cuir des sièges dont ils avaient tant aimé régler l'assise en s'installant à bord de la limousine.

Le capteur de choc a également déclenché les airbags placés dans le volant et la boîte à gants. Pour être plus juste : le volant et la boîte à gants ont explosé sous la pression du gaz comprimé qui est en train de gonfler les poches de toile à une vitesse que l'on espère plus rapide que celle des passagers en pleine course vers l'avant de l'habitacle. Celui de gauche va peut-être pouvoir protéger Henri Paul, dont le corps et la tête sont actuellement projetés vers le volant. Le volant lui-même semble avancer. Il est en fait figé : c'est tout l'habitacle de la voiture qui se déforme autour de lui. Les sièges avant, la banquette arrière, et toute les garnitures de cuir ciré et de plastiques lustrés poursuivent leur mouvement vers l'avant, comme un accordéon s'enroulant du pylône de béton, autour avec la langueur liquide d'une vague s'écrasant sur une jetée. Les airbags se déploient sous l'effet du gaz perchlorate qui se libère dans une explosion.

Cent millisecondes ont passé : les passagers de devant poursuivent leur vol vers le volant, le tableau, le pare-brise et, à l'extérieur, le béton du pylône… et les deux coussins gonflables ne sont pas encore emplis. Dans moins de 50 millisecondes, plus rien ne pourra les protéger du choc qui les attend. Les sacs se gonflent à une vitesse invisible à l'œil nu. À l'échelle de l'accident, le gonflage des 50 litres du sac de gauche et des 160 litres de celui de droite est infiniment trop lent.

Les 50 millisecondes se sont écoulées. Le visage du chauffeur s'enfonce dans la toile à demi gonflée et se fracasse sur le Klaxon du volant. Son torse se brise contre le bas du volant. Le cerveau s'écrase contre la paroi intérieure de la boîte crânienne et cesse instantanément de fonctionner. Le cœur continue de battre. Puis s'arrête.

38

Diana, dont le parfum 24 Faubourg de chez Hermès emplit encore l'habitacle de la voiture, s'enfonce dans le siège avant du garde du corps, alors que le gaz des airbags poursuit sa dilatation inutile. Ses yeux bleus sont ouverts, mais la vitesse de la déflagration est trop grande pour que son cerveau puisse enregistrer ce qui se passe. Elle s'écrase contre le fauteuil qui commence à plier. Son propre poids est décuplé par la décélération subite. Le bras droit, tendu pour se protéger du choc, se brise. L'humérus se fracture et pénètre la poitrine. Tout se comprime en elle, la poitrine, la cage thoracique, le squelette. Les vaisseaux sanguins se déchirent sous la force cumulée de la pression provoquée par l'arrêt brutal du corps venant frapper le siège avant, et celle du liquide intérieur qui semble se dilater dans les artères : le sang est un liquide incompressible. La veine pulmonaire rompt. Tout se passe si vite que le sang ne coule pas encore au-dedans du corps ni au-dehors par les plaies qui de toutes parts se forment sous l'impact du choc et des débris projetés. Des éclats de verre pleuvent dans le petit espace dont les vitres à double vitrage ont éclaté. Arrachée du lobe de l'oreille droite, une boucle plane vers le tableau de bord dans lequel on la retrouvera encastrée plusieurs jours plus tard, mettant hors de cause les premiers témoins de l'accident, un temps soupçonnés de l'avoir dérobée. Le bracelet de la minuscule montre en or cède, s'arrache du fin poignet désarticulé. Une chaussure Versace flotte dans les airs, ainsi qu'un briquet Bic, un carnet d'adresses copiées d'une écriture enfantine et appliquée, une autre montre, beaucoup plus lourde, une montre d'homme, une Breitling, détachée de son bracelet, qui doit lui aussi planer parmi quelques autres de ces astéroïdes à échelle humaine. Le poignet de son propriétaire a dû se briser net contre une pièce de la garniture intérieure de cette voiture de maître.

Tout comme on a vu Jackie Kennedy tenter de rattraper un morceau du crâne de son mari qui venait de lui être arraché sous l'impact d'une balle, on voudrait pouvoir remettre tous ces objets à leur place, rembobiner la pellicule. Mais la déflagration se poursuit.

Le corps de l'homme qu'elle aime, ce corps élastique qu'elle n'embrassera plus, est en train de s'écraser contre le cuir noir du siège avant. Celui-ci recule vers l'arrière, augmentant d'autant plus la pression sur le visage, le cou, les épaules, le torse, le ventre, les bras, les mains, le bassin, le pubis, le sexe, les jambes et les pieds de Dodi Al-Fayed. Le jean délavé se déchire, la veste en daim se décompose, les lambeaux se mêlent à la peau et au cuir mat de la Mercedes, le T-shirt noir repassé le matin même prend l'apparence d'un chiffon déchiré, froissé et maculé de sang. Le siège avant recule encore, compressé par le corps du chauffeur que broient le volant et le bloc-moteur dont l'avancée au sein de l'habitacle se poursuit. Les viscères éclatent contre le squelette, les côtes détériorent les poumons, le foie et l'estomac. Le bassin se fracture, la jambe droite se brise en deux. C'est comme un jeu de dominos : elle se casse maintenant en trois parties, puis en quatre, et enfin en cinq. La jambe gauche se disloque elle aussi, en trois craquements successifs inaudibles dans l'écho sonore de l'explosion de l'airbag et de la carcasse toujours en mouvement. Le dossier sur lequel Dodi Al-Fayed s'écrase ploie vers l'avant, les glissières de métal engoncées dans les rails fixés au sol de la voiture cèdent, le fauteuil s'arrache, poussé par la masse de chair enrobée de lambeaux de tissus.

Alors que la fumée des airbags se déploie lentement, l'habitacle, lui, continue de rétrécir. L'élasticité résiduelle des tôles et de la structure renvoie la Mercedes en arrière sur son axe, dans un mouvement de rotation provoqué par la combinaison de la vitesse d'arrivée et de l'angle d'impact sur l'arête du treizième pilier. Comme la balle métallique d'un flipper, après avoir rebondi sur un premier obstacle elle repart dans la direction opposée en tournant sur elle-même. Elle pivote à toute vitesse. À l'intérieur, les passagers sont à nouveau suspendus dans les airs. La Mercedes se déplace autour d'eux sans les toucher. Ils sont comme des astronautes effleurant les parois intérieures d'une station spatiale. En apesanteur. Cela dure une nanoseconde. Puis ils sont à nouveau percutés par tout ce qui les entoure. Des objets sont propulsés d'un bout à l'autre de l'habitacle. Les peaux se déchirent, les vaisseaux sanguins éclatent, les corps sont pulvérisés.

Après avoir frappé de façon directe le tableau de bord, la tête du garde du corps, dont les cartilages ont été entièrement brisés, le nez écrasé, la mâchoire enfoncée dans la gorge et broyée en plusieurs morceaux, est un temps éjectée à l'extérieur de l'habitacle, jusqu'à ce que le montant de la porte sans vitre la percute par le côté droit.

À l'arrière, les coussins gonflables latéraux sont pleinement déployés. Le visage de Diana s'y est enfoncé comme dans de la ouate. En réalité, c'est une surface tendue comme la peau d'un tambour qui lui frappe le visage avec la force d'un coup de poing. La tête rebondit violemment sur la surface puis est projetée de l'autre côté, le cou la retient comme la ficelle d'un bilboquet. À sa gauche, son amoureux subit le même mouvement de pantin désarticulé, rebondissant en tous sens contre les appuis-tête, les coussins gonflables latéraux et le plafond s'écrasent comme dans un étau. La voiture tourne sur elle-même, entraînant dans ce mouvement circulaire le corps de Diana, dont le visage est à présent bloqué au niveau des tapis de sol. Ses jambes de danseuse de l'opéra sont entraînées dans la volte-face de l'engin, elles s'entortillent, pointes tendues vers le plafonnier, un pied nu, l'autre chaussé d'une Versace.

Pour écrire ce passage, je consulte de vieux *Paris Match* où on la voit danser depuis l'enfance. C'est d'ailleurs en la découvrant dansant avec John Travolta, à la Maison-Blanche, à l'âge de vingt-quatre ans, rougissante, que les Américains ont compris avec le monde entier, et peut-être même son mari, que sa beauté, son charme, résidaient dans le kitsch de ses joues trop poudrées, ses cheveux trop vaporeux, ses robes légères aux couleurs tendres, souvent soulevées par le vent – à l'image des jeunes Américaines maquillées comme des poupées se rendant à leur bal de fin d'année. Ces longues jambes qu'elle dévoila sur la scène de l'Opéra royal la même année, dansant avec son ami Wayne Sleep – qui mourra du sida –, virevoltant dans une robe rose pâle moulant son ventre bombé, tournoyant sur la scène, bras en croix, yeux clos, alors que tous regardaient la cambrure de ses reins, ses cuisses musclées, ses mollets dessinés au-dessus des escarpins à talons hauts.

Après avoir effectué un demi-tour complet, la Mercedes s'encastre dans le mur droit du tunnel et interrompt ce dernier entrechat. L'arrêt subit de la rotation de la carcasse métallique est comme un coup de raquette dans une balle de tennis. L'aile droite de la voiture plie sur le mur tapissé de carrelage blanc identique à celui du métro parisien. Puis elle rebondit comme une boule de pétanque venant d'en frapper une autre. Elle repart dans le sens contraire. Les quatre corps disloqués se déforment au contact des portières, du plafond et des sièges, s'aplatissent puis se distendent et repartent en arrière, entraînés par la rotation de la voiture toujours en mouvement. L'essieu avant a reculé de plus d'un mètre, les deux roues qu'il supporte se sont encastrées sous le châssis, elles le déforment dans leur élan. Au contact du mur, l'onde de choc s'est propagée dans toute la caisse, jusqu'au toit qui s'affaisse sur les passagers. L'espace dans lequel ils ne cessent d'être ballottés depuis le premier coup de frein continue de rétrécir alors que leurs corps désarticulés se heurtent et s'entrechoquent.

Je voudrais pouvoir cesser la description clinique de cette scène brutale, mais ce serait passer sous silence la torture physique que subissent les êtres humains enfermés dans ces quatre mètres cubes de cuir et de ronce de noyer devenus durs et coupants comme le hachoir d'un mixeur électrique. Ce serait taire la violence d'un accident de la route. Ce serait omettre cette réalité par laquelle de façon systématique, implacable, en moins d'une seconde, les corps des victimes sont un à un démembrés. Le bras du conducteur, pendouillant à l'extérieur de la portière, se tord contre la tôle. La peau de son visage s'arrache au contact des morceaux de verre épars. Le cœur s'est arrêté. Le cerveau ne fonctionne plus et tous les souvenirs qu'il renferme – des images de son enfance, quelques flashs de cette dernière soirée, le visage d'inconnus croisés dans le hall de l'hôtel, la petite fille qu'il a élevée, un morceau qu'il lui apprenait au piano peut-être, des notes de musique… – finissent de s'en évaporer.

L'épave compactée comme une œuvre de César retombe une ultime fois sur le goudron encore chaud de cette dernière nuit du mois d'août. Elle balance. Crisse. Et ne bouge plus, balayée par la lumière des phares des autres voitures roulant derrière l'alignement des piliers de béton grisâtre. Un peu partout dans le tunnel, des petits morceaux de verre scintillent comme de la glace pilée.

Tout le monde dira que le visage du conducteur était alors écrasé contre le volant, enfonçant le Klaxon qui sonnait sans discontinuer.

39

Il est en train de vivre la dernière seconde de sa vie, évanoui sur la banquette arrière d'une voiture de luxe. Ses vêtements sont défaits, le pantalon ouvert l'expose dénudé aux regards des témoins qui accourent. Il n'entend ni ne voit plus rien. C'est sa vie qui s'échappe, qui lui échappe, qui le quitte, comme celle de tant d'hommes et de femmes que j'ai vus mourir. Le jeune motard décapité dont j'ai ramassé la tête avait lui aussi dans les yeux ce regard étonné, le même que j'ai aperçu dans les pupilles bleues de ce cambrioleur tombé du septième étage d'un bel immeuble de Saint-Germain-des-Prés, cet air surpris qu'ont les hommes en mourant. J'ai calculé que j'avais assisté aux derniers instants de plusieurs centaines de personnes, des suicidés, des mutilés, des torturés, des accidentés. Des femmes battues, des dealers abattus, des enfants accidentés, des gros bras tabassés. Des vieillards, des beautés, des jeunes filles junkies, des garçons bien nés, assassinés, morts d'overdose d'alcool, d'héroïne ou de cocaïne. Des hommes célèbres retrouvés gisant sur la moquette de leur hôtel particulier, la main tendue vers le téléphone, aussi seuls que les clochards de leur quartier dont j'ai si souvent ramassé les corps inertes et avinés, des mères de famille gavées de médicaments découvertes inanimées avec ce même sentiment de solitude gravé au fond des yeux, des voyous mourant abandonnés sur le pavé avec ce regard d'enfant encore, cet éclair de pensée que j'imagine plongée dans les premières années de leur vie. J'ai lu que, dans les tranchées, les soldats à l'agonie appelaient presque toujours leur mère et que souvent c'étaient leurs derniers mots. Ils voulaient retrouver la douceur de leur enfance, le bien-être des premiers étés de leur vie, et c'est cela qu'il m'a toujours semblé voir au fond des iris de ces hommes et femmes décédés sous mes yeux.

À cet instant, le corps de Dodi Al-Fayed ne réagit plus que de façon réflexe, par soubresauts, la respiration – son dernier souffle – forme des bulles de sang au bord des narines et des lèvres encore pleines de vie. Son enfance à lui s'est déroulée dans les faubourgs de la ville d'Alexandrie, en Égypte, à une époque où ses parents vivaient encore ensemble, bien avant leur séparation, avant que son père ne l'emmène loin de sa mère à qui, tous les jours, il téléphonait, jusqu'au jour de sa mort à l'âge de cinquante et un ans. Lui avait trente et un ans et, depuis, il disait souvent qu'il aurait tout donné pour qu'elle revienne. Ce soir, à quarante-deux ans, il va la retrouver.

40

Deux grands yeux bleus le voient s'éteindre, deux beaux yeux clairs qui, eux non plus, ne voudraient pas mourir. Les paupières palpitent, se referment. Elle a eu de la chance. Elle ne ressent aucune douleur. Elle n'a rien. Elle est seulement sonnée. Encore un instant et elle ouvrira les yeux. Pas tout de suite. Il faut se reposer. Il n'avait pas l'air bien. Il doit reprendre des forces lui aussi. Certainement. Ils ont eu un accident. Dans une Mercedes, heureusement. Les coussins d'air se sont bien déclenchés. Sans eux ils seraient morts. Ils auraient dû mettre leur ceinture. Elle la mettra toujours dorénavant. Où sont les secours ? Il faut repartir. Être à Londres demain matin. Les enfants vont rentrer de vacances. Ils sont chez leurs grands-parents, en Écosse. C'est un grand château. Ils ont beaucoup de châteaux. Elle en avait un avec son mari. Un ou deux. Elle était tombée dans l'escalier un jour. Enceinte. Elle était tombée ou avait sauté ? Ses pensées ne sont pas claires. Elle s'était fait mal. Comme maintenant. Mais là elle ne sent rien. Tout va bien. Ils doivent dormir, bien bordés sous les draps blancs de la chambre d'enfants. Elle a toujours dit qu'elle n'aimait pas l'Écosse, où ce soir dorment ses enfants. Ce n'est pas vrai. Elle aime les marches dans la brume et la bruyère, pantalon rentré dans les bottes mouillées, chaussettes épaisses bien chaudes, la parka huilée, le cashmere de l'écharpe et le nuage de fumée qui s'échappe quand on souffle, les mains chaudes de ses fils lovées dans les siennes. Mais c'est là-bas que Charles retrouvait Camilla, sa maîtresse. Il l'y a emmenée, chez ses parents. Il a dit qu'il aimait marcher avec Camilla, dans les champs mouillés, alors elle, elle a dit qu'elle n'aimait plus, qu'elle n'avait jamais aimé, ni la chasse à la grouse, ni les kilts si mignons dont elle avait habillé ses fils chéris pour les vœux de fin d'année, ni ses beaux-parents déguisés en Écossais, grimés en vieux monarques. Comme si elle pouvait ne plus les aimer... Ils sont sa famille. Ils n'auraient pas dû le laisser inviter Camilla chez eux. Elle en parlera à sa belle-mère, il faudra qu'elle le lui dise, même si elle est la reine. Elle le lui dira, ou bien à la reine mère, l'arrière-grand-mère des petits. Elles ne doivent pas inviter Camilla chez elles, ce n'est pas bien. Ça ne se fait pas. Pas chez les parents, pas là où il l'a déjà emmenée, pas dans leur lit, là où ils se sont aimés et ont fait l'amour, pas dans ces draps-là.

La première fois qu'elle a vu Charles, elle était petite, encore une enfant. Il était venu chercher sa grande sœur. Il l'emmenait au bal. Sa sœur espérait qu'il l'épouse. Ses parents aussi. Il était entré dans la cuisine où elle dînait avec sa nurse. Il était grand et beau, le futur mari de sa sœur, le futur roi. Il lui avait souri et ils étaient partis, sa sœur et lui. Diana était toute jeune, ses parents vivaient ensemble, ils s'aimaient dans cette grande maison, voisine de l'une des nombreuses demeures de la reine, qui parfois passait prendre le thé à l'improviste.

Ouvrir les yeux. Ils s'ouvrent. Elle ouvre la bouche, dit : *« Oh my God ! »*, et referme les paupières pour retrouver la maison de son enfance, ses parents et la reine dans le château voisin, de l'autre côté de ce grand jardin qu'elle traversait avec son frère Charles Spencer, espérant qu'on leur offre un thé chaud avec un nuage de lait et des sablés au gingembre. Il était là, parfois, l'amoureux de sa sœur, le fils de la reine voisine, ce prince qui un jour serait roi et que déjà elle aimait regarder marcher dans ses hautes bottes de cuir noir bien ciré.

Quand il lui avait parlé, des années plus tard, au bal qu'il avait donné, elle se demandait s'il se souvenait de ce jour, dans la cuisine de ses parents, où il était venu chercher sa grande sœur qu'il courtisait alors – sa sœur aînée qui avait annoncé publiquement un an plus tôt qu'elle préférait ne pas partager la vie d'un monarque, mettant une fin définitive à cette relation pourtant déjà annoncée par la presse comme les prémices du mariage du siècle. Elle l'avait interrogé et il lui avait répondu de sa voix grave que, oui, il se rappelait la petite fille qu'elle avait été, et ensemble ils avaient dansé.

41

Je n'aime pas la littérature guimauve, les pavés à l'eau de rose comme en écrivait d'ailleurs la grand-mère par alliance de Diana, Barbara Cartland, les best-sellers populaires aux couvertures gaufrées et marquées de longs titres entortillés. La princesse a toujours été friande de ce genre de littérature, qui a baigné son adolescence. Le monde dans lequel elle a grandi laissait peu de place à tout autre imaginaire. Sa grand-mère maternelle, confidente de la reine mère, a toute sa vie œuvré pour que sa fille épouse un aristocrate de renom, puis que l'une au moins de ses trois petites-filles séduise un membre de la famille royale. Elle les faisait inviter aux parties de chasse données par la reine ou aux réceptions où l'on pouvait croiser l'un des trois garçons de sang royal. Élevée pour épouser un roi, Diana a aussi rêvé de princes de romans de gare, et il n'est pas impossible qu'elle ait trouvé dans le prince Charles les deux personnalités que depuis toujours elle recherchait : l'héritier du trône distingué doublé d'un play-boy des night-clubs de Sloane Square et Knightsbridge. C'est à ce type de spéculations, d'analyses futiles et sans fin, dont les conclusions aboutissaient parfois même à des débats d'ordre constitutionnel, que se livraient les journaux de l'époque. Allait-elle faire chuter la monarchie britannique ? Quelles conséquences cela aurait-il sur le jeu politique ? Son cœur penchait-il à gauche ou à droite ? À l'époque de leur rencontre, les journaux qui la traqueraient toute sa vie ne se posaient pas ces questions-là. Ils se demandaient quand Charles allait cesser d'emmener des jeunes filles la nuit dans sa garçonnière de célibataire située dans les appartements qu'il occupait alors dans l'un des bâtiments de la famille royale, quand il cesserait de les séduire, ces femmes jeunes mais souvent déjà expérimentées. Les journaux dénombraient ses conquêtes, ainsi que les amants qu'elles avaient eus avant lui. Le prince étalon volait alors d'un lit à l'autre, s'exposant avec des mannequins, des jeunes filles de bonne famille ou des femmes mûres, nobles ou roturières, qu'il délaissait ensuite pour partir à la pêche avec son parrain Lord Mountbatten, amusé et conciliant, ou à la chasse chez ses parents, toujours réprobateurs. On attendait qu'il rencontre et épouse une vierge parfaite, alors que, secrètement, il fréquentait encore Camilla, sa maîtresse de toujours, celle qu'il épousera plus tard, après le décès de la princesse Diana. Il affirmera même que Camilla a été la seule et unique femme de sa vie.

42

Diana se vide de son sang à l'intérieur. Ses yeux bleus oscillent sous ses paupières tremblantes. Ses mots, toujours les mêmes – « *Oh my God, Oh my God !* » – sont un murmure. Dodi Al-Fayed ne bouge pas. Dans l'habitacle, la fumée blanche des coussins d'air est illuminée par saccades par la lueur des phares des voitures qui, de l'autre côté des colonnes, continuent de rouler. Vingt ans ont passé depuis le moment où il avait commencé à la courtiser. Elle vivait en colocation dans un modeste appartement. Elle gardait des enfants pour gagner sa vie. Elle apprenait à cuisiner. Elle rêvait d'un grand amour et d'un foyer. Et elle n'avait jamais fait l'amour. Et quand un domestique était venu porter chez elle une invitation du prince pour une soirée à l'opéra, elle savait, en acceptant, que c'était sa virginité qu'elle allait offrir à cet homme. Sans doute l'abandonnerait-il ensuite, comme il l'avait fait avec tant de jeunes femmes au fil des années. Elle avait pourtant accepté et, quelques semaines plus tard, elle s'était donnée à lui, attendant ensuite, comme sa sœur et tant d'autres avant elle, qu'il se décide à la rappeler et, peut-être, à lui demander sa main.

Un matin, les journaux de l'époque, dont les photographes ne vont pas tarder à arriver autour de la carcasse métallique encore fumante, avaient dépêché leurs journalistes aux portes de la crèche où elle gardait des enfants. Ils lui avaient demandé de poser, une fois, une seule, puis, c'était promis, ils ne l'embêteraient plus. Sur les conseils de la directrice de la crèche, elle avait accepté, pensant à son prince peut-être, prenant la pose, un enfant dans les bras, tenant la main d'une petite fille, vêtue d'une longue robe et d'un chemisier au décolleté pudique de jeune fille bien née duquel émergeait une médaille de baptême. La photo fit le tour du royaume, non pas pour la beauté naïve de cette scène mais parce que la silhouette de ses jambes apparaissait sous le voile à demi transparent de la robe. Elle venait d'avoir dix-neuf ans ; six mois plus tard, elle serait officiellement fiancée au prince séducteur alors âgé de trente-deux ans.

43

La première personne à lui avoir exprimé ses vœux de bonheur a été Camilla. Les journaux d'alors la prenaient pour une ex de plus, devenue l'amie du prince, sa complice, sa confidente. La maîtresse de son futur mari était en fait déjà sa favorite secrète et ne cesserait jamais de l'être. Plusieurs fois elle l'avait éconduit, plusieurs fois ils avaient rompu, et Camilla avait finalement épousé un autre homme, Andrew Parker Bowles. Le soir où Charles demanda officiellement la main de Diana Spencer à son père, l'innocente élue découvrit sur l'oreiller de son lit, dans le château de la reine où elle avait été invitée à dormir, une enveloppe scellée contenant une lettre manuscrite lui souhaitant une vie heureuse avec le prince. Ce mot plein d'affection émanait de Camilla. Ainsi avait-elle été mise au courant avant le père de Diana, le comte Edward Spencer, et peut-être même avant elle... Les signes de toute-puissance que

Camilla manifesta tout au long du mariage de Charles et Diana, et même encore après leur divorce puis au-delà de sa mort, sont si nombreux que leur énumération éloignerait trop l'attention du récit de l'accident pour être ici rapportés.

La cour britannique, les parents du prince comme ceux de la future princesse ne se sont en tout cas jamais offusqués de la conduite de l'héritier du trône. Charles avait pourtant d'abord couché avec Sarah Spencer, la sœur de sa future épouse. Puis il avait défloré Diana à dix-huit ans à peine. Au sujet de cette première nuit d'amour, les versions divergent entre une rencontre nocturne dans le château écossais de la reine, Balmoral, et une échappée secrète à bord du train royal circulant tous feux éteints, entre Londres et le nord de l'Angleterre, rendez-vous organisé avec la complicité intéressée du seul amour véritable du bourreau des cœurs : Camilla encore. Il a ensuite épousé Diana et lui a donné deux enfants. Mais pendant tout ce temps, il n'a jamais cessé d'être l'amant de Camilla. Il l'avait connue bien avant Diana et il l'épouserait un jour en présence de ses deux fils, les enfants adorés de la princesse décédée, les orphelins que la planète entière allait bientôt regarder marcher, solennels et pensifs, derrière le cercueil de leur mère si souvent trompée. Après le décès de Diana, plus tard les deux vieux amants se marieront officiellement, publiquement. Parmi les invités, on comptera l'ex-mari de la patiente maîtresse, l'éternel alibi, Andrew Parker Bowles. Et la reine, complice elle aussi du cruel subterfuge, assistera elle aussi au remariage du prince héritier.

44

Alors qu'elle se meurt, seule, allongée sur une moquette pleine de débris, aucune des grandes agences de presse internationales n'a prêté attention à son voyage en France. Seuls les journaux spécialisés dans les reportages people sont au courant de cette journée, traitée comme une banale escale de shopping. Les photographes présents sur place ont transmis à leurs agences le peu d'informations qu'ils avaient pour accompagner les photos du couple à la descente de leur avion, arrivant en voiture à l'appartement de l'Étoile. Les photos des deux amants sortant par l'arrière de l'hôtel et montant à bord de la Mercedes S280 sont encore dans les boîtiers des appareils. À Londres, on sait aussi que Dodi est allé dans la journée lui acheter une bague de fiançailles. Deux camps s'affrontent. Ceux qui admettent la réalité des faits et se préparent à l'annoncer et, en face, ceux qui ne veulent pas y croire et feront tout pour s'opposer à ce projet improbable que jusqu'au bout ils qualifieront de rumeur. Ses meilleures amies ont commencé à révéler à la presse les sentiments qu'elle éprouve pour son amoureux, son envie d'engagement et peut-être d'un troisième enfant : Diana a toujours rêvé d'avoir une fille. Les journalistes adverses, proches de son ex-époux et de la famille royale qu'elle dénigre sans cesse par voie de presse interposée, ont entrepris une campagne médiatique pour que ce projet de mariage, si véritablement projet il y a, ne puisse en aucun cas être mené à son terme. Ils agissent au nom du maintien du respect de la couronne, de concert avec les proches du palais. On les accusera bientôt d'avoir souhaité la disparition de Diana.

Le bruit des voitures qui roulent au loin est le même que celui des rouleaux au bord de l'océan. Un calepin repose sur la banquette arrière où gît Dodi Al-Fayed. Personne ne parle, sauf elle qui murmure les mêmes mots. Elle est recroquevillée, le visage tourné vers le sol, une goutte de sang coulant sur son visage, sa mise en plis étonnamment intacte.

Toutes les personnes que j'ai pu voir à cet instant de leur vie, à la frontière de la mort, ont toujours eu l'air de regretter la futilité de leurs dernières pensées. Les meilleures amies de Diana ont toutes rapporté qu'elle était heureuse mais préoccupée. Elle se demandait ce qu'allaient raconter les journaux du lendemain, *The Times*, *The Telegraph*, *The Sun*, *The Mirror*, *Daily Mail*, *Daily Express*, ces quotidiens qu'elle lisait le matin et qui influençaient son humeur du jour. Elle y traquait un coup bas de sa belle-mère la reine, de son ex, ou de tout autre membre de la famille, rebaptisée « la firme ». Elle cherchait l'information flatteuse, celle dont elle était à l'origine, le potin qu'elle avait fait circuler par l'intermédiaire de son majordome ou qu'elle avait confié directement à ce journaliste aux cheveux blonds avec qui on lui prêtait une liaison. Depuis le début de l'été, elle l'appelait au moins une fois par jour, et à lui aussi elle avait laissé entendre l'annonce d'un très heureux événement. Ce matin même, elle le lui a confirmé : demain, elle serait à Londres, elle verrait ses enfants, et le monde entier saurait.

45

Sur le siège de droite, Trevor Rees-Jones repose inerte sur son siège. La mâchoire est fracturée, trois dents ont été brisées, le palais est en pièces, l'arcade zygomatique et le malaire gauches sont détruits, le nez, les orbites, le front sont défaits en plusieurs morceaux. À sa gauche, Henri Paul est décédé. Personne ne saura jamais pourquoi il avait bu tant d'alcool dans la soirée, ni comment il avait réussi à si bien cacher son état d'ébriété. Comme mes collègues enquêteurs, je me suis rendu dans les lieux qu'il avait l'habitude de fréquenter, à la recherche d'un indice. Au Harry's Bar, où un témoin a dit l'avoir vu ce soir-là, le personnel aux vestes blanches boutonnées d'or a nié l'avoir jamais servi, dans le café-tabac où il s'approvisionnait en cigares, chaque semaine, avec la rigueur d'un métronome, on ne se souvient de rien. Dans le bar lesbien en bas de chez lui, où l'on reconnait l'avoir aperçu à 22 heures, la tenancière affirme ne rien pouvoir ajouter d'autre à ce qui a partout été écrit : il est passé, a bu un verre, et est reparti avec un dernier « Salut, les filles ! ». Il aimait aller boire au comptoir de ce bar pour filles, il appréciait les rencontres dans ces établissements interlopes. Son quartier était celui des bars à vins anglais, du Palais-Royal aux boutiques désuètes et des boîtes échangistes fréquentées par des couples de trente ans à peine, des clubs privés où, dix-sept ans plus tard, les mêmes prostituées travaillent encore, dont les commerces qu'il avait connus – agences de voyages de quartier, primeurs, torréfacteur, bar-tabac aveyronnais… – s'étaient un à un transformés en établissements branchés. Plus personne ne se souvient de l'élégant célibataire à l'Austin Mini, dont les portiers du Grand Colbert appréciaient la générosité, cet homme au cigare à qui l'on donnait toujours la même table et à qui l'on apportait une carafe de champagne, comme on le sert là-bas, sans qu'il la commande.

Ma femme, qui continue de lire les pages au fil de la rédaction, me dit que la description du chauffeur est injuste. Elle donne le sentiment qu'il serait le seul et unique responsable de l'accident. Il est pourtant vrai que s'il ne s'était pas enivré, ou bien s'il avait refusé de prendre le volant, l'accident n'aurait pas eu lieu. Mais il est également vrai que lorsqu'il avait décidé de boire, plus tôt dans la soirée, il ne pensait pas revenir travailler. Il avait terminé son service. Il avait accompli sa mission du jour. Il ne pouvait pas savoir qu'on le rappellerait vers 20 heures, qu'on le ferait venir, et encore moins qu'on lui demanderait de prendre le volant. On peut comprendre qu'il n'ait pas osé refuser d'obéir à cette requête, on peut imaginer aussi qu'il lui était impossible d'avouer qu'il ne pouvait pas prendre le volant car il avait trop bu. J'aurais aimé pouvoir prendre sa défense, afin de ne pas blesser sa famille et ses proches. Mais la vérité est qu'après être revenu à l'hôtel, il a continué de boire. Il a attendu le couple dans un fauteuil du bar et a commandé deux pastis qu'il a avalés sous les yeux des gardes du corps. Ceux-ci ne l'en ont pas empêché, imaginant qu'il sirotait du jus de pamplemousse. Ma femme me dit qu'ils auraient dû s'en rendre compte. Mais comment imaginer qu'un chauffeur professionnel puisse oser s'enivrer en public, juste avant de prendre le volant de la limousine dans laquelle la femme le plus médiatisée du monde aura pris place ?

46

Diana est toujours au sol, le dos appuyé contre le dossier du siège avant. Elle bouge. Mais le mouvement ne vient pas d'elle, bien qu'elle soit consciente. C'est Trevor Rees-Jones qui remue. Il s'éveille dans le noir, car ses yeux sont enfoncés et noyés de sang, et sans un mot puisqu'il n'a plus de bouche. Il ne peut plus respirer par le nez, celui-ci a disparu. L'air pénètre directement dans la gorge : la mâchoire n'est plus là. Ils sont les deux seuls survivants de l'accident. La température du corps du chauffeur commence à descendre. Dodi Al-Fayed gît sans vie, à demi nu, froissé comme un vieux papier journal.

47

Un collègue présent sur les lieux de l'accident a hésité à me décrire la scène, de crainte qu'on lui reproche de dévoiler un interdit. Les photos prises par les journalistes arrivés avec les premiers témoins ont été confisquées par la police. Celles qui avaient échappé à cette perquisition ont circulé dans certaines rédactions, puis ont été cachées afin de ne pas être saisies par la justice. Cette scène a eu lieu, a été photographiée, puis s'est évanouie dans la mémoire de ceux qui étaient présents, dont certains sont morts depuis. Seuls restent les mots pour reconstituer ce qui était.

Diana est consciente. Elle continue de dire *« Oh my God ! »*. La phrase résonne comme une prière murmurée. Les flashs des photographes ne peuvent pas l'aveugler car elle a fermé les yeux, mais elle les perçoit. Des bras se glissent sous elle et la soulèvent. On l'assoit sur la banquette de cuir à côté de Dodi dont on a caché le sexe que plus rien ne protégeait. C'est un passant, pompier de profession, qui a eu la délicatesse de le couvrir avec un tapis de sol du véhicule. J'évoque ce détail banal car cela m'étonne qu'on l'ait gardé sous silence pendant dix-sept ans, comme si le divulguer constituait un sacrilège, tout comme il m'étonne qu'on ait interdit toute publication de photos de la scène.

48

Des témoins s'insurgent contre les journalistes qui continuent de photographier. L'un d'entre eux balbutie qu'il a un brevet de secourisme, glisse son appareil dans la poche et ose s'approcher de l'épave où agonisent les quatre corps que l'on imagine déjà sans vie. Sous le stroboscope des flashs, il tente d'ouvrir la portière arrière gauche. Elle cède. Il n'avait jamais vu Diana d'aussi près. Il dit des mots que personne n'entend, elle non plus probablement, tend le bras au-dessus d'elle, caresse sa main, touche son poignet, perçoit son pouls ; son cœur en effet bat encore, mais lentement, au rythme de ses gémissements. La lumière des appareils photo continue de faire clignoter le métal. Les flashs sifflent en se rechargeant. Les policiers n'osent rien dire. La foule se plaint. Elle voudrait que la police empêche les photographes de continuer à mitrailler la scène. Un policier s'adresse aux photographes. Les mots habituels sont échangés :

« Vous n'avez pas honte ?

– Je fais mon métier…

– Ce n'est pas une raison…

– Et vous, pourquoi n'intervenez-vous pas ? »

Pulsions de colère mêlée à de la honte chez le journaliste. Sentiment de peur chez le policier. Un médecin arrive en criant, comme dans les films : « Je suis docteur ! ». On le laisse passer avec sa trousse de cuir dont il sort l'instrument d'usage : un stéthoscope de métal chromé. Diana bouge encore. Tous la regardent. Elle ne voit rien de tout cela. Elle ne voit personne. Elle ne se voit pas. Elle semble dormir. Juste reprendre des forces. On attend qu'elle ouvre les yeux. On aimerait qu'elle parle. Mais le seul son qu'elle émet est un sifflement nasal et liquide. Le bruit du sang.

49

Il est étrange de revoir les images de ses funérailles dans l'abbaye de Westminster, auxquelles trois millions de personnes se sont rendues. Le prince Charles est là et, comme le monde entier qui assiste à la cérémonie télédiffusée, il écoute Elton John chanter *a cappella* une chanson composée pour elle. C'est étrange, car ces images rappellent celles filmées dans la cathédrale Saint-Paul où Diana était entrée voilée de blanc à l'âge de dix-neuf ans, mais aussi parce qu'un peu plus d'un mois avant sa mort, qui aura lieu dans un instant sous mes yeux, on l'a vue dans une autre cathédrale, en Italie, écouter le même chanteur lors d'un autre enterrement. Cette cérémonie d'adieu était celle consacrée à son ami couturier, Gianni Versace, assassiné à Miami alors qu'il venait, insouciant, d'acheter les journaux du matin. À ses amis, elle avait posé cette question restée sans réponse : qu'aurait-il fait de ses derniers jours s'il avait su qu'il allait bientôt partir ? Elle l'avait pleuré au premier rang de la nef, aux côtés d'Elton John qui, un mois plus tard, allait chanter en sa mémoire. Elle l'avait pris dans ses bras et l'avait consolé, partageant sa peine devant les caméras présentes dans l'église, puis dehors, sur le parvis où elle était apparue vêtue de noir dans le soleil blanc de ce dernier mois de juillet. Dans les journaux, les photos de la belle princesse en deuil, venue seule en Italie pleurer la disparition d'un ami brutalement disparu, allaient se mêler à celles de sa propre cérémonie funèbre tout aussi inattendue, tout comme elles se mélangent dans mon esprit dix-sept ans plus tard.

Elle vit ses derniers instants dans les bras de ce docteur français qui lui souffle des mots d'encouragement sur le ton intime des hommes d'Église donnant l'extrême-onction. Diana s'endort avec cet air de petite fille sage qu'on lui connaissait, le visage penché, une mèche blonde et vaporeuse sur le front. La goutte de sang est encore rouge et liquide.

Les phases d'éveil et de sommeil se succèdent, rythmées par les flashs photographiques. Elle flotte entre le rêve et la conscience, la vie et la mort. La voiture s'est arrêtée à contresens de la circulation, le capot penché vers l'avant sur l'essieu écrasé et les roues incrustées dans le moteur, le coffre tendu vers la voûte luisante du tunnel jaune orangé, une roue arrière en l'air, suspendue au-dessus du pot d'échappement arraché, comme si elle s'apprêtait à plonger sous le bitume où l'huile et l'essence se répandent. Seul le sigle Mercedes, gravé au centre de la jante en aluminium, a été épargné. Un homme dit que la voiture pourrait prendre feu. Il faudrait débrancher la batterie, visible sous le capot arraché, compressée dans l'amas de ferraille brûlante, mais personne n'a d'outils.

50

Elle a perdu connaissance mais le pouls bat encore. On peut le voir à son cou qui palpite. Le temps semble s'être étiré depuis que la limousine est à l'arrêt. Les secours sont arrivés. Ils lui ont placé un masque sur le visage, et l'oxygène fait remonter sa tension. On a cru qu'elle était morte. Elle aussi, puis ses yeux bleus se sont rouverts, ils ont plongé dans ceux des hommes penchés au-dessus d'elle, arrivés ici par hasard : un photographe qui la pourchasse depuis ce matin, deux frères en promenade en ce samedi soir – l'un est pompier, l'autre aide-soignant –, un médecin qui roulait dans l'autre sens et a vu l'épave fumante, un policier qui patrouillait dans le quartier, juste au-dessus du tunnel. Les uns après les autres, ils lui ont tenu la main, ils l'ont touchée, ils ont plongé leurs yeux dans les siens. Ils l'ont extraite de la voiture et l'ont allongée sur une civière. Juste après le crash, elle était seule avec Dodi Al-Fayed, allongé à l'arrière de la voiture. Et il y eut un homme, puis deux. Et d'autres. Un cercle s'est formé autour d'eux. Les bruits ont changé. Les voitures ont cessé de rouler au loin. Des hommes ont chuchoté puis se sont disputés. Ils ne sont plus là. Elle n'a pas mal. On l'a recouverte d'une couverture de survie. Elle vit les yeux fermés, elle rêve, elle divague. Elle peut encore croire qu'elle ne va pas mourir, ralentir la fin de sa vie, retenir les dernières minutes de son existence, comme je le fais à travers ces lignes. Ces instants-là peuvent se dilater à l'infini, juste avant de se diluer.

Dans les ouvrages que j'ai parcourus, les biographies écrites sur elle, tirées d'entretiens qu'elle avait donnés secrètement, sur les vidéos de ceux qui parlent d'elle, des proches, des amis, ou bien des anonymes qui l'ont rencontrée, on apprend qu'elle parlait toujours beaucoup de ces instants-là, les ultimes secondes de l'existence. Elle avait accompagné les derniers jours d'inconnus. Elle était allée plusieurs fois, la nuit, au chevet de malades du sida, pris au hasard par son majordome, et elle apparaissait dans leur chambre par surprise. Ils ouvraient les yeux et la découvraient assise sur le bord de leur lit d'hôpital, sortie de nulle part. La princesse de la télévision était avec eux. Elle leur prenait la main et les embrassait. Elle pleurait avec eux et restait jusqu'à l'aube, disparaissant comme elle était venue, comme par magie, ne laissant derrière elle que l'essence de sa présence. Les effluves du parfum 24 Faubourg embaumaient longtemps la chambre des personnes visitées. Elle a accompagné vers la mort des homosexuels malades, à qui leur famille avait tourné le dos, des hommes et des femmes amaigris que l'on n'osait plus toucher de crainte d'être contaminés, alors que tout le monde savait que le sida ne peut se transmettre autrement que par le contact du sang, du sperme ou des sécrétions vaginales. Ces hommes qui allaient mourir, les pestiférés des années 1980 et 1990, elle les serrait dans ses bras et laissait couler leurs larmes sur sa peau.

Elle est devenue la plus proche amie d'une jeune fille mourante dont la vie a ainsi été prolongée. Après la mort de l'adolescente, elle a continué de correspondre avec la mère qui ne comprenait pas pourquoi elle n'était pas venue à l'enterrement. Elle lui avait expliqué, toujours par courrier princier, de son écriture enfantine, qu'elle avait craint de troubler l'intimité de la famille par sa présence toujours trop voyante. Elle n'était pas seulement mystique : son métier de princesse tel qu'elle avait voulu l'exercer l'avait mise en contact avec la mort. Elle avait vu des mourants plonger leurs yeux dans les siens comme elle avait plongé son regard dans ceux du photographe, du pompier, de l'aide-soignant, du médecin, de l'infirmier, et bientôt dans le mien.

51

C'est dans ces eaux-là qu'elle est entrée dans mon existence : au moment où sa vie la quittait. Comme tout le monde, je me souviens de l'endroit où j'étais le soir de l'accident. Depuis la fenêtre de mon bureau, au rez-de-chaussée du commissariat de la rue Jean-Bart. Je venais de prendre mon service qui devait se terminer à 6 heures du matin. Il serait absurde de prétendre que je me souviens de ce à quoi je pensais. C'était il y a dix-sept ans, et j'ai oublié depuis ce qui me préoccupait à cette époque. Une querelle de boulot, une dispute d'amoureux avec ma femme, ou le contraire : un projet professionnel en bonne voie, une conversation romantique pleine de projets. Cela n'a de toute façon que très peu d'intérêt. Je me rappelle seulement que le poste de radio a grésillé, ainsi qu'il le faisait lorsqu'une voix allait annoncer un événement quelconque sur les lieux duquel chaque policier parisien était invité à se rendre, en fonction de sa localisation. Le son de cette radio était le même partout où des flics avaient branché leur récepteur : dans les voitures de couleur blanche et bleue, à bord des véhicules banalisés, au creux de la main des fonctionnaires tenant leur talkie-walkie allumé, dans les arrière-salles de commissariats où somnolaient d'autres flics comme moi, dans les vigies où, jour et nuit, on se retrouve entre deux patrouilles, et dans les casques équipés d'une radio des motards juchés sur leurs grosses BMW ou leurs petites motocyclettes.

« Ici Z1… grave accident de la route dans le tunnel de l'Alma », annonce la voix nasillarde dans le poste grésillant. À Philippe, mon coéquipier, je dis : « Putain, il doit y avoir un sacré carton ! ». Et je poursuis mes rêveries. L'impact dans le treizième pylône a eu lieu six minutes plus tôt. À cet instant, les pompiers sont sur place. Ils ont glissé autour de sa nuque un collier cervical. Dans leur langage, cet objet assure la rectitude de l'axe tête-cou-tronc.

52

Le camion du Samu est là, ses portes battantes ouvertes sur la salle d'opération ambulante, le métal des instruments chirurgicaux luit dans la nuit. Les warnings des voitures à l'arrêt font clignoter le carrelage du tunnel, où se reflètent aussi les gyrophares bleus de l'ambulance. Trois hommes peuvent tenir debout autour d'un brancard amovible transformable en bloc opératoire. Les parois sont équipées d'étagères et de tiroirs où sont rangés le matériel de réanimation circulatoire et ventilatoire, des pansements, un pousse-seringue électrique, un aspirateur de mucosités, un respirateur, des gouttières pour les membres inférieurs ou supérieurs, une réserve d'oxygène, un électrocardioscope-défibrillateur pour les massages cardiaques, un saturomètre, tout le matériel pour réaliser une laparotomie, c'est-à-dire une ouverture de l'abdomen, ou une chirurgie vasculaire pour intervenir sur les artères, et traiter les anévrismes, notamment au niveau de l'aorte à la sortie du cœur, ou encore de la carotide, dans le thorax et le cou. Il y a des compresses, des tenues de bloc, des gants stériles, des bistouris, des drains, des mèches, des bandes de plâtre, un système d'aspiration chirurgicale, un bistouri électrique, des dizaines de médicaments – des analgésiques, sédatifs, antibiotiques, catécholamines, des médicaments à visée cardio-vasculaire, thrombolytiques, antiagrégants, anticoagulants –, et du matériel de petite chirurgie. Deux autres camions identiques sont là. Les médecins, pompiers et policiers sont plus d'une dizaine.

Les yeux, à nouveau ouverts, fixent le corps de son ami dont les médecins viennent de constater la mort – elle bredouille encore et toujours : « *Oh my God !* » –, balayent l'intérieur de la voiture, s'arrêtent sur un autre corps, celui du chauffeur, dont le décès a aussi été enregistré. Elle ne sent pas son bras droit, désarticulé sous elle, et ne perçoit pas non plus l'aiguille que l'on plante dans une veine de son bras gauche. De sa main valide elle se caresse le ventre, sent qu'elle n'a rien, sait que l'on va bien s'occuper d'elle, la soigner, la sauver. Ses yeux se ferment encore. Le mélange de produits bronchodilatateurs, vasopresseurs et d'adrénaline remonte du bras vers le cœur, puis se répand dans le corps à travers les milliers de vaisseaux sanguins. Elle ne sent aucune douleur, elle plane, s'envole au-dessus de la voiture. Elle s'endort plus profondément, ne perçoit plus les voix, les lumières des flashs et des gyrophares, la chaleur des mains qui la touchent. Son cœur bat, un peu, à peine, puis il s'arrête. Elle meurt. Elle est morte, allongée au sol, avec autour d'elle des visages sans émotion, des gens qui s'agitent, certains qui crient et se battent, des hommes qu'on arrête, menottes dans le dos, les têtes de passants penchées au-dessus du parapet, à la sortie du tunnel dans lequel elle s'est engouffrée en souriant dix minutes plus tôt.

On a découpé ses vêtements, dénudé sa poitrine, apposé les électrodes autocollantes au niveau de la clavicule droite et sous l'aisselle gauche. L'appareil envoie une décharge électrique qui parcourt le corps à partir du cœur. Il repart. On la transporte dans le camion. La porte se referme sur elle.

Ceux qui étaient à bord du camion se souviendront leur vie entière des gestes qu'ils ont prodigués pour tenter de sauver l'être humain qui se mourait sous leurs yeux. Ils ne diront rien aux médias, mais à jamais ils seront ceux qui ont vu Diana mourir, et toujours on leur demandera ce qu'ils ont vu, ce qui s'est passé, ce qu'ils ont fait, ce qu'elle a dit. Partout, sans cesse, à table, durant les repas de famille, dans des bars le soir, auprès d'inconnus, en tout lieu et tout le temps, on les encouragera à raconter encore, une fois de plus, leur petite histoire. Ils sont deux médecins et un chauffeur brancardier. Les portes sont closes. Le moteur tourne. À l'arrière, les deux médecins ne voient rien de ce qui se passe au-dehors. Seuls les mouvements de la cabine leur indiquent si le camion se déplace ou est à l'arrêt. Il ne bouge pas. L'électrocardioscope fonctionne mal. Sa mesure des battements du cœur est irrégulière. Ou bien est-ce le cœur ? On ne sait pas si elle est consciente ou si elle a perdu connaissance. La pression artérielle faiblit : le cœur bat, le muscle se contracte et propulse des litres de sang dans les veines, mais celles-ci ne se gonflent pas comme elles le devraient. L'hémoglobine s'écoule en dehors du circuit sanguin par la veine pulmonaire arrachée lors du premier choc contre le siège du garde du corps. Chaque pulsation du cœur accélère l'hémorragie interne. Elle se vide de son sang.

53

Le poste archaïque de notre triste bureau aux placards de métal, aux néons défaillants et au vieux lino râpé a grésillé à nouveau, et la voix nasillarde a résonné encore pour nous sommer de nous tenir prêts à recevoir un appel téléphonique qui nous donnerait les instructions nécessaires sur réseau fermé. Le téléphone a sonné et Z1 nous a donné l'ordre à nous, Bac 06, de nous rendre d'urgence à l'hôpital de la Salpêtrière pour le service de protection d'une haute personnalité, refusant de nous donner le nom de la célébrité en question. Nous sommes sortis et avons sauté dans la voiture, lancé le gyrophare et pris la route à travers les rues désertes et dorées de Paris la nuit au mois d'août, cherchant à deviner l'identité de la star que nous allions devoir protéger, lançant des noms et nous remémorant les gens célèbres avec qui nous avions fini des nuits à boire du champagne dans les restaurants du quartier, au Café de

Flore, chez Lipp, Castel ou aux Deux Magots. Nous avons pris la rue de Fleurus jusqu'à la rue d'Assas, longé le jardin du Luxembourg sur la gauche, la fac d'Assas sur la droite, tourné à gauche sur le boulevard Port-Royal, et accéléré en grillant les feux jusqu'au boulevard Saint-Marcel et le boulevard de l'Hôpital sur la gauche. Nous avons tourné à droite juste avant le métro aérien, et sommes arrivés à l'hôpital de la Salpêtrière. Dix minutes s'étaient écoulées. Pendant ces mêmes dix minutes, les deux médecins avaient dû relancer une fois de plus le cœur de Diana qui était à nouveau morte et ressuscitée.

54

Je me souviens des couloirs vides et blafards de l'hôpital. Je pense toujours à Georges Perec quand je dis, ou même quand je pense, « je me souviens ». Mais que peut-on dire d'autre ? Utiliser une autre formule, c'est y penser encore plus. Alors, je me souviens tout le temps, et je me souviens particulièrement de ce soir-là, de notre arrivée dans l'enceinte du vieil hôpital aux murs lugubres et des quatre flics en uniforme qui nous ont accueillis dans la nuit. L'officier aux épaules décorées de feuilles tressées nous a dit que nous attendions une jeune femme et qu'elle risquait de mourir. Il nous a dit qui elle était. Quand je me souviens de cette nuit-là, je repense souvent à la forme de l'immeuble, haut de huit étages, se perdant dans le ciel bleu marine, à la rangée de marronniers le long de l'édifice, et je revis la scène. Je pénètre dans l'hôpital. Je me souviens du jaune de ce couloir, un jaune proche du gris de mon commissariat, semblable aussi à celui des consignes de la gare d'Austerlitz, toute proche.

Des hommes et des femmes en blouse blanche semblent m'attendre, mais je sais que c'est à son arrivée à elle qu'ils se préparent. Les poubelles sont remplies de gobelets de plastique maculés de chocolat séché, le sol est taché de café poisseux. L'officier a précisé que deux personnes étaient décédées, le compagnon de la princesse et le chauffeur de la voiture, et il nous a donné notre mission : assurer la sécurité du sous-sol de l'hôpital, l'étage du bloc opératoire. Dans un instant, elle sera là. Nous suivons l'officier qui marche devant nous dans son uniforme sombre, la casquette bien droite au-dessus de sa nuque rasée de près. Les semelles de ses chaussures de flic sont en caoutchouc et se posent sans bruit sur le sol plastifié. Le personnel s'écarte, l'officier en uniforme se dirige vers les ascenseurs, les portes de métal s'ouvrent et nous y pénétrons. Nous descendons au premier sous-sol, l'officier poursuit son chemin sous les lignées de néons blancs et nous le suivons. Je revois la crosse de son arme sur sa cuisse droite, balançant au rythme de ses pas, et je me souviens d'avoir palpé ma hanche, machinalement, comme je le faisais souvent autrefois, quand j'étais flicard, pour m'assurer qu'elle soit en place, une espèce de toc, et que l'adrénaline montait juste avant l'action. Je me souviens aussi de cette odeur d'hôpital dont j'essaierais de me débarrasser plusieurs heures plus tard, de retour à la maison, ma mission accomplie mais la princesse décédée.

55

Le camion du Samu sort du tunnel. Elle longe les quais vers l'hôpital où je l'attends. La princesse dort. Comme ses enfants, dans les draps blancs du château écossais, tout au nord du royaume, le point le plus au nord, proche du cercle polaire, là où la nuit est si courte en été et si longue en hiver. Elle sommeille comme ses deux fils dont je découvrirai les visages quelques jours plus tard, lorsqu'on les verra marcher derrière le cercueil se dirigeant au pas vers l'abbaye de Westminster. Son corps regagnera ensuite le domaine familial dont son père aura attendu l'héritage toute une vie. Ses souvenirs d'enfance sont encore ses souvenirs à elle, ils lui appartiennent; ils ne sont pas alors ces recompositions de scènes magnifiées auxquelles vont se prêter des dizaines de milliers de journalistes dans quelques heures, lorsqu'on apprendra son décès et que partout des commentateurs, des reporters, des cinéastes, des romanciers, des historiens, des hommes politiques, des amis, des connaissances, des témoins anonymes ou des documentaristes raconteront sa vie. Son cerveau fonctionne, il émet des vagues d'ondes électriques invisibles. Ce sont des images, des sons, des sensations. La scène de son mariage, visionnée par le monde entier, est encore la sienne, tout comme le souvenir de son voyage en Bosnie, quelques jours plus tôt, auprès de victimes de mines antipersonnel, celui de la naissance de son premier enfant, qu'elle avait choisi d'allaiter, les disputes de ses parents, le départ de sa mère avec un homme marié, un ami de la famille, les procès de son père pour obtenir la garde de ses enfants, garde qu'il obtint conformément à la loi anglaise protégeant avant tout le droit des hommes aristocrates, l'infidélité de son mari, ses mensonges, l'étalage public des comportements sexuels du prince avec l'autre, la description de leurs plaisirs intimes, puis ses nuits d'amour avec son premier amant, professeur d'équitation, celles avec un marchand d'art, d'autres avec un chirurgien pakistanais ventripotent mais si attirant. Ses yeux sont clos, elle va mourir, à chaque battement de cœur un peu plus de sang s'écoule en dehors des veines et se répand à l'intérieur du corps. Elle est pourtant encore vivante, ainsi que tous les mondes qu'elle renferme.

56

J'ai beaucoup lu sur sa vie, dans les journaux et les livres, j'ai parcouru des enquêtes réalisées sur l'enfance de cette petite fille au corps de danseuse, timide et colérique, en conflit avec ses nurses, son père et sa belle-mère, des témoignages de ses amies, demi-mondaines évoluant dans un monde où se mêlent jet-setteurs, hommes de pouvoir et employés de toutes sortes. On peut trouver sur Internet une infinité de récits recueillis par la presse auprès de ceux qui l'ont croisée quelques instants ou ont traversé des tranches de vies avec elle. Ce sont des hommes et des femmes de professions diverses : professeurs de gymnastique, cartomanciennes, astrologues, majordomes, chauffeurs, gardes du corps, thérapeutes, cuisiniers, jeunes filles au pair… Chacune de ces lectures ouvre sur un souvenir qui semble se dilater avec le temps : une conversation d'une minute avec elle s'est muée en un récit de la taille d'un livre – le détail de ses stratagèmes pour éliminer socialement une rivale dans sa classe durant l'adolescence, son ingéniosité pour manipuler la presse, son obsession du contrôle de son image, sa passion pour ses enfants qu'elle n'allait pas voir grandir, ses deux fils qui allaient rentrer en pension deux jours plus tard, après un mois passé chez leurs grands-parents, monarques du royaume de Grande-Bretagne. Et puis, aussi, les mêmes histoires, les mêmes scènes, toujours, répétées, déformées, mythifiées par la force des images télévisuelles ou photographiques : l'innocence de son regard sous le voile de tulle le jour de son mariage, l'élégance de ses tenues à grands chapeaux, ses robes à fleurs, bleu roi, jaune pâle, mauves, roses, ses bijoux royaux, sa tiare de diamants, ses excentricités, ses yeux bleus soulignés de bleu, leur tristesse lors d'une interview télévisée où elle dit tout sur l'échec de son mariage, le visage un peu penché, chuchotant plus qu'elle ne parle, une nouvelle coupe de cheveux à l'époque de son divorce, une moue sur le visage au lendemain d'une révélation intime par l'un de ses amants. Depuis sa mort, les souvenirs de Diana sont devenus ceux de tous. Mais dans le camion où l'on tente encore de la réanimer, de la maintenir en vie, tous ces morceaux du puzzle sont encore imbriqués les uns dans les autres de façon parfaitement ordonnée : ils sont toujours les siens. Dans les jours qui ont suivi l'interview confidence qu'elle avait donnée, cet entretien où elle avait partagé à voix basse ses émotions de femme trompée puis divorcée, des intellectuels, des philosophes, des historiens, des hommes politiques et des journalistes britanniques avaient critiqué cette princesse vantant à la télévision le droit à un bonheur personnel, qui dénonçait une sentimentalisation des esprits. Les sentiments sont pourtant tout ce qu'il lui reste alors que son cœur assure de plus en plus faiblement la circulation de son sang. Le cerveau, encore irrigué, continue de produire des images de plus en plus impressionnistes : les souvenirs d'une vie.

57

Dans les couloirs pâles du premier sous-sol, une infirmière aux cheveux bouclés m'indique le bloc opératoire que je suis chargé de surveiller. Je place deux hommes armés à chacune des entrées et je remonte à la surface. Un brancard fait son entrée, chargé d'un homme au visage masqué. C'est Trevor Rees-Jones. Un flic l'accompagne vers le bloc où on va le sauver, le soigner, et commencer à le reconstruire. Je continue d'attendre celle dont je dois assurer la sécurité : la princesse Diana. Lady Di. Un collègue, prévenu par radio, m'annonce que le convoi approche. Depuis le parvis d'entrée de l'hôpital, je vois le pont d'Austerlitz que le camion devra emprunter pour traverser la Seine. Il est désert. Des barrières de sécurité ont été placées devant l'entrée des urgences, afin de délimiter un *no man's land* entre les bâtiments et le trottoir d'en face. Photographes et cameramen commencent à affluer. Des policiers en uniforme les contiennent derrière les barrières de métal. Des flashs illuminent les visages. Des spots balayent la façade. Je vois au loin une voiture de police précédée de deux motards. Derrière elle, un camion du Samu roule au pas, suivi d'une rangée de motards qui retiennent une foule de deux-roues chevauchés par des motards, des cameramen et des photographes de presse. Les gyrophares balayent le sol et leurs lumières bleues, rouges et orange se reflètent dans les vitres des immeubles voisins.

Le cœur s'arrête. L'électrocardiogramme est plat. Le médecin demande au chauffeur de cesser de rouler, afin de procéder à une nouvelle défibrillation cardiaque. Les électrodes sont en place. La décharge envoyée reste sans effet. Une autre décharge : rien. L'habitacle est encombré de compresses tachées de sang, de gants usagés et de plastiques déchirés. Ceux-ci renfermaient les ustensiles et médicaments : garrots pneumatiques, thermomètres hypodermiques, appareils de mesure de la glycémie capillaire, thrombolytiques, antiagrégants, anticoagulants, analgésiques. Des voyants clignotent, indiquent des mesures : manomètre pour le monitorage de la pression du ballonnet de la sonde d'intubation, appareil de mesure du monoxyde de carbone expiré, monitorage de l'oxymétrie pulsée, détecteur de carbone atmosphérique, appareil de mesure du CO_2 expiré, aimant pour contrôle des dispositifs implantés, planche à masser automatisée, dispositif d'assistance circulatoire, solutés de perfusion et de remplissage, appareil d'échographie, système de biologie embarquée, et même un appareil de monitorage continu du rythme cardiaque fœtal. Mais rien de tout cela ne peut la ramener à la vie.

Le docteur saisit une seringue dotée d'une aiguille fine comme un cheveu, et la pique jusqu'au cœur. La pression se poursuit et elle le pénètre en son centre. Le médecin injecte trois milligrammes d'atropine. Le cœur repart. Une fois. Deux. S'arrête. Repart. Il bat. Elle dort toujours, elle pense, rêve et divague parmi les souvenirs de sa vie, ainsi que l'ont rapporté ceux qui sont revenus de ce tunnel au bout duquel tous disent avoir vu une lumière blanche.

Nous avons tous vu le camion s'arrêter au milieu du pont et ne plus bouger, encadré par les escortes policières, et en arrière la foule de deux-roues empêchée de traverser. La Seine s'écoulait sous le pont, reflétant le noir de la nuit et l'or des lampadaires du siècle précédent. Nous avons tous imaginé la scène, plus ou moins fidèle à ce qui nous a ensuite été rapporté par les rumeurs fondées sur les interrogatoires des médecins présents dans le camion. Nous avons tous souhaité que son cœur reparte et qu'elle arrive enfin ici où nous l'espérions. Chacun de nous l'attendait pour la sauver. Les barrières de sécurité étaient installées, formant un corridor jusqu'à l'entrée du bâtiment. Le hall ainsi que tous les couloirs avaient été évacués et restaient sous la surveillance de près d'une centaine de policiers en uniforme. L'accès à l'ascenseur conduisant au premier sous-sol était sous surveillance. Sous terre, mes hommes étaient postés aux deux seuls accès menant au bloc opératoire. Dans la salle, les ustensiles étaient disposés sur les chariots en aluminium : respirateur d'anesthésie, bistouris électriques, machine cœur-poumon équipée d'une pompe artérielle, d'un oxygénateur et d'un échangeur thermique. L'éclairage opératoire était allumé. Médecins et aides-soignants étaient fin prêts. Les appareils étaient branchés. Mais le camion ne bougeait toujours pas.

Je me souviens avoir observé la perspective du boulevard de l'Hôpital et ses immeubles aux fenêtres éteintes. C'est un boulevard typiquement parisien. Une lignée d'immeubles haussmanniens aux murs striés de refends longe le trottoir de gauche. Les toitures sont en zinc ou recouvertes de tuiles grises. Des marronniers bordent le boulevard, à gauche le long de la contre-allée, à droite, en bordure du métro qui sort de terre juste là, avant de s'élever dans les airs, porté par un assemblage de poutrelles de fer gris, forgé dans le même métal que celui des barrières des balcons filants des immeubles en face. Je l'attends au milieu d'une foule de policiers.

Le camion reprend sa progression, cesse, recommence, et ainsi de suite. Tout le monde se pose les mêmes questions : est-elle encore vivante? Pour combien de temps ? Tous nous aimerions pouvoir accélérer l'image, faire rouler le véhicule plus vite jusqu'à nous, jusqu'à l'hôpital et la salle d'opération où les chirurgiens doivent déjà avoir enfilé leurs blouses de papier, leurs chaussons hygiéniques et leurs masques de protection. Je suis parmi les autres, et si je ne prie pas, j'espère un miracle. Je regarde les motards de la police avancer si lentement qu'on dirait qu'ils vont chuter devant le camion, les voitures aux gyrophares tournoyants et le peloton de journalistes motorisés dont les flashs continuent de clignoter dans le noir. Les fins de vie provoquent, je le sais, une vibration dans l'air. L'histoire, lorsqu'elle se déroule en direct, aussi. Les lumières des caméras illuminent la scène que tous regardent. Le direct est en direct. Et Diana n'arrive toujours pas.

Un homme s'approche. Il est journaliste Il me demande si je peux lui trouver une place où il pourrait travailler, me promettant une généreuse récompense. Je me détourne et j'attends encore. Mon esprit s'égare. Je suis souvent venu là, devant cet hôpital, non pas pour y accueillir des princesses mourantes mais pour passer la soirée dans le restaurant de Farez. Farez avait été le garde du corps d'un homme d'État du Moyen-Orient, qui cinq ans plus tôt avait été assassiné chez lui, probablement par des fondamentalistes iraniens. Un mouvement du camion me ramène à la réalité. Je ne pourrai rien faire pour elle, mais je suis prêt. Prêt à ne rien pouvoir faire.

Elle est là. Le camion, si lointain une seconde auparavant, a passé les grilles de l'hôpital. Il a longé l'allée puis s'est garé le long de l'aile gauche du pavillon où les médecins l'attendent. Les portes arrière se sont ouvertes devant le préau. Des hommes en blouse blanche accourent, d'autres patientent, immobiles. Mon cœur bat la chamade. Son arrivée m'a pris de court. J'ai couru depuis le boulevard jusqu'ici. Les portes s'ouvrent. Sur la civière, c'est elle, allongée. Elle dort. L'intérieur du camion est jonché de matériel médical, de déchets et de sang. On la hisse dehors. Je cours à côté du brancard sur le linoléum triste et j'aperçois son visage pâle, ses yeux clos dont les cils me semblent maquillés d'un bleu nuit. Nous entrons ensemble dans la salle d'attente aux murs sales, des hommes courent, je cours, la civière roule sous les faux plafonds dont les néons effacent les ombres, elle file vers les ascenseurs situés au bout du couloir de gauche. Je prends l'escalier opposé, à droite, vers le premier sous-sol où je vais la retrouver. Au policier qui garde la porte et que je ne connais pas, je montre ma carte de service, je descends, en courant toujours, pousse la porte et tombe sur l'un de mes hommes. « Elle est là », lui dis-je, et je poursuis ma course vers le bloc opératoire. Un chirurgien finit de s'habiller. Il peste : la police l'a retardé à l'entrée en lui demandant ses papiers, il ne les avait pas sur lui et il a perdu un temps infini et précieux. Il est en colère, il s'énerve, il entre dans la salle, le brancard arrive, et la porte se referme sur le couloir silencieux.

La plus belle vidéo que j'ai vue de la princesse est celle où elle assiste à l'opération à cœur ouvert d'un enfant de quatre ans et demi. La caméra s'arrête longuement sur ses yeux bleus, maquillés de bleu, cernés par un foulard bleu, un masque bleu, une toque bleue et une blouse bleue. Son regard céleste suit les mains du chirurgien que l'on imagine plongées dans le corps du petit enfant. Les yeux de Diana quittent le petit malade, vont et viennent dans la salle d'opération, retournent vers l'enfant et le chirurgien. Le petit patient survivra et les reporters le photographieront dans un parc d'attractions en compagnie de ses parents. Dans ce reportage, diffusé l'année précédant sa mort, à la sortie du bloc opératoire Diana s'adresse à la caméra et évoque cette opération du cœur à laquelle elle a assisté quatre heures durant. Pour l'interview elle porte encore la tenue qu'elle avait pendant l'opération. Elle ne s'est pas changée. Elle n'en a pas eu le temps. Ou bien elle a décidé d'apparaître ainsi, vêtue en infirmière. Le foulard bleu plaque sur son front une mèche blonde, presque dorée, et son visage me rappelle celui de Lara dans *Le Docteur Jivago*, une jeune femme comme elle, infirmière et emportée par le cours de l'Histoire et d'amours compliquées. Dans la vidéo, elle parle de cette voix suave que l'on retrouve dans tous les films que l'on peut voir d'elle : vêtue d'un gilet militaire et d'un casque de protection en Angola, auprès de victimes du sida, aux côtés de son mari, à l'époque où ils voyageaient ensemble. C'est ainsi que je l'imagine lorsque je m'efforce de me souvenir d'elle sortant du camion puis disparaissant dans la salle d'opération où l'on va tenter de la sauver. Cette image d'elle bien vivante se mélange à d'autres que j'ai vues depuis.

La salle d'attente se remplit. Mon patron, le commissaire, le préfet de Paris, le ministre de l'Intérieur. Je les laisse passer. Poignées de main. Banalités : « Comment va… Pas de souci… Mes respects, monsieur le ministre… Un tel événement, rendez-vous compte… » Un flic en débardeur, bras tatoués, apparaît, parle d'attentat, et disparaît. Deux infirmières poussent un brancard sur lequel un corps est allongé, le visage enveloppé comme celui d'une momie. Nous le regardons passer en silence et s'engouffrer dans l'ascenseur. Les portes métalliques se referment et les regards convergent à nouveau vers la porte battante derrière laquelle l'équipe médicale s'affaire.

Cela fait plus de deux heures que le choc a eu lieu. Depuis, elle est déjà morte plusieurs fois. Comme elle qui, une année plus tôt avait assisté à l'opération d'un enfant inconnu, des étrangers observent ses organes mis à nu. Le chirurgien a ouvert la peau sous la poitrine. Le cœur ne bat plus. Pourtant elle vit toujours. Des appareils envoient de l'air dans ses poumons et du sang dans ses veines. Un corps ouvert semble étonnamment simple, aussi simple que les machines qui la maintiennent en vie, et les gestes des médecins. Le chirurgien recoud la plaie par laquelle tant de sang s'est écoulé, tandis que l'équipe suture d'autres veines, éponge le sang. Les organes palpitent au rythme artificiel de l'appareillage d'acier et de plastique. Les gants de caoutchouc sont teintés de rouge. Un drap couvre ses jambes, des doigts y posent puis y reprennent des aiguilles et du fil, des tubes et des linges. Des pinces tiennent ouverte l'enveloppe charnelle, d'autres outils manipulés par des mains qui se croisent cousent des organes, aspirent des liquides, expirent de l'air. Le temps s'étire. Elle n'est pas morte mais elle ne voit, ne ressent et n'entend plus rien, sa respiration n'est plus la sienne, son sang non plus. Elle est en train de partir. Elle s'en va. Beaucoup d'hommes et de femmes revenus à la vie disent s'être envolés de leur corps à ce moment-là et s'être vus d'en haut, leur corps entouré de l'équipe soignante. Je dis qu'elle ne voit ni n'entend plus rien, mais les ressuscités affirment s'être envolés comme une âme et que cette âme pouvait voir et entendre. Le chirurgien a recousu la veine pulmonaire. Le corps est réparé. Il ne reste plus qu'à faire repartir le cœur.

À cet instant, mais cela n'a pas d'importance, je suis toujours à côté et j'attends avec les autres. Je me rends aux toilettes, je fais couler l'eau, m'asperge le visage. Dans le miroir je me regarde, vieilli, les traits épais, marqués par la nuit, et par l'âge aussi. Dix-sept ans plus tard, quand je regarderai des photos de moi à l'époque, c'est pourtant un jeune homme que je verrai, un autre être que celui que je vais devenir. Depuis l'enfance je me métamorphose imperceptiblement. Je reste ainsi plusieurs minutes à scruter mon reflet dans le miroir, puis je retourne attendre dans le couloir, avec en ligne de mire les portes battantes du bloc opératoire.

Cela fait deux heures déjà. Des infirmières entrent et sortent. Je pense comme tout le monde : la vie est fragile, un jour la mienne se terminera, ainsi que celle de tous ceux que j'aime et qui sont vivants autour de moi. Je ne sais pas si elle va survivre. Je ne la connais pas. J'ai vu des dizaines d'inconnus mourir ainsi, dans une chambre d'hôpital. J'ai attendu souvent dans les couloirs. De ces moments-là, je me souviens toujours de la même chose : le goût du café du distributeur automatique, un mauvais mélange auquel je me suis habitué et que j'ai fini par aimer. J'en termine un nouveau gobelet que je jette dans une poubelle dégoûtante, une poubelle d'hôpital, lorsque la porte s'ouvre. Le chirurgien sort de la salle et je le vois mimer un geste. Il palpe l'air, il palpe un cœur dans l'air : il a massé le cœur de la princesse Diana pour qu'il reparte – et celui-ci n'est pas reparti.

Le commissaire me rejoint et me demande d'accompagner la princesse dans une chambre au premier étage de l'hôpital. Une infirmière va me guider. Elle me regarde, brune, les cheveux soigneusement coiffés, les yeux bleus maquillés de noir, les lèvres peintes de rouge. La porte s'ouvre. Le brancard apparaît recouvert d'une forme humaine sous un drap blanc. Des mains le poussent. D'autres mains, celles de l'infirmière, prennent place sur le montant de métal, les gens s'écartent sur son passage : le commissaire, le préfet, le ministre, mes hommes, les infirmières et les chirurgiens. Je suis l'infirmière, je marche dans son sillage, les yeux baissés. Je vois sa blouse blanche, ses bas Nylon sur ses longues jambes chaussées de souliers blancs. Les pas s'arrêtent, les portes de l'ascenseur s'ouvrent, nous pénétrons dans la boîte de métal, et elles se referment. De la princesse, seuls une mèche blonde et un bout de sa jambe dorée dépassent du drap blanc. Je recouvre la jambe et l'ascenseur monte en silence. Banalités à nouveau : c'est quand même incroyable, d'être là avec elle… Une femme pareille…

Les portes s'ouvrent sur un hall sans fenêtres. L'ambassadeur de Grande-Bretagne est le premier que je vois, vêtu d'un costume cintré qui tranche avec le polo négligé du ministre de l'Intérieur, le costume flottant du préfet et celui mal ajusté du commissaire. Nous poursuivons notre course vers la chambre où je devrai veiller sur elle. Les couloirs s'enchaînent, les gens s'écartent, et peut-être nous suivent : mes yeux se fixent sur les jambes de l'infirmière qui continue de pousser le brancard silencieux. Une porte s'ouvre, l'infirmière aux yeux bleus me demande d'attendre : elle va la préparer. Elle et Diana pénètrent dans la pièce dont la porte se referme. Je me retourne et aperçois le commissaire, le ministre, le préfet et mes hommes. Je me poste devant la poignée qui vient de remonter.

La poignée que je fixe depuis vingt minutes a bougé. La porte s'ouvre sur le visage de l'infirmière aux yeux bleus. Le commissaire me dit d'y aller. L'infirmière sort et j'entre dans la pièce ensoleillée. J'entends le cliquetis de la serrure se refermer derrière moi.

Je suis seul avec Lady Di. Le drap blanc a été ramené jusqu'aux épaules. Elle est vêtue d'une robe couleur sombre. L'ombre des stores s'étale sur le sol. La fenêtre est entrouverte et l'on entend le chant des oiseaux percer le brouhaha de la ville qui s'éveille. Elle repose, le long du mur gauche de la salle, face à la fenêtre. Je repense à ceux qui disent s'être envolés hors de leur corps lorsque celui-ci a cessé de fonctionner et me dis que peut-être son âme est encore là, au-dessus de nous, planant dans la chambre, ne reconnaissant pas ce corps qui n'est plus exactement le même. Son visage est pourtant celui que je connais. Mais il est sans vie. Et moi je suis seul à ses côtés. Je la regarde, je lui parle.

58

Je me demande si elle est morte d'avoir été trompée. Je me demande comment aurait été sa vie si elle ne l'avait pas été. Je me demande si elle aurait vécu mieux et plus heureuse. Je me demande si elle serait encore là aujourd'hui. Je la revois à dix-huit ans, le visage innocent, avant le mariage, les enfants, et les mensonges. Avant l'indifférence, les cris, les larmes et la colère. Je repense à l'accident et je me refais le film de l'instant où soudain plus rien n'a plus jamais été possible, l'instant précis où sa vie s'est arrêtée. Je me demande si elle a eu le temps de penser ou bien si elle a préféré tout oublier et laisser la vie s'écouler. J'imagine cet instant où plus jamais sa vie ne serait devant elle – seulement derrière, puis nulle part. Et je pense à ma vie. Je voudrais pouvoir remonter le temps et tout annuler, tout recommencer.

J'aimerais pouvoir parler à mon ex-épouse, décédée dans les mêmes circonstances. Je voudrais pouvoir lui rendre la vie, sa vie d'avant notre mariage, quand tout était à venir et que je ne l'avais encore jamais dupée. Je voudrais lui parler de nos deux enfants et de leur père. Ce père qui l'a trahie. Ce père que je suis. Je voudrais lui dire que je regrette de ne pas avoir su mieux l'aimer. J'aurais voulu avoir fait mieux, ne jamais lui avoir menti et avoir tenu les promesses auxquelles la jeune fille qu'elle était a cru.

Ma première femme a disparu dans un accident de voiture, et c'est à elle que je pense en écrivant ces lignes. C'est à elle que je parle. Elle a eu une attaque cérébrale au volant après une vie de souffrances causées par la vanité de ma conduite, à un âge où je ne savais pas encore que les jeux de l'amour détruisaient les vies de ceux qu'on aime. Elle m'a laissé avec nos deux enfants, et depuis sans cesse je me demande ce que sa vie aurait été si j'étais resté. Alors maintenant je prends soin de nos deux enfants aussi bien que je le peux. Je suis devenu à la fois leur père et leur mère. Et lorsque je vois l'ex-époux de Diana sourire à ses deux fils, lui le séducteur d'antan qui préférait la chasse à la grouse aux jeux d'enfant, lorsque je regarde les photos de l'homme sage qu'il est devenu, ému au mariage de son fils aîné, à la naissance de son premier petit-fils, je ne peux m'empêcher de penser qu'il essaie comme moi de racheter le mauvais mari qu'il a été pour Diana.

59

À 6 heures du matin on a toqué à la porte. La poignée s'est baissée et un homme en uniforme est entré. C'était la relève. Mon service était terminé. J'ai regardé Diana une dernière fois et je me suis imprégné de son image, poursuivant mon dialogue intérieur avec elle. J'ai oublié les mots que je lui ai murmurés. J'ai dû dire au revoir, je lui ai peut-être promis de ne jamais l'oublier. Et je suis sorti, la laissant seule dans la chambre. Les rayons du soleil venaient juste d'atteindre le drap blanc sous lequel elle reposait, éclairant d'une lumière blanche ses mèches blondes étalées sur l'oreiller.

J'ai emprunté le couloir, croisé ceux qui attendaient dehors, les mêmes qui nous avaient escortés à l'arrivée du brancard et d'autres qui les avaient rejoints, des anonymes en civil ou en uniforme, des hommes en costume, des femmes en blouse blanche, des policiers en tenue. Je me suis frayé un chemin vers la sortie de l'hôpital. Je palpais mon portable dans ma poche, j'avais envie d'appeler ma femme, ma seconde épouse. J'avais envie de lui dire que je l'aimais. Je pensais à elle, au milieu de tous, à contresens du flot humain s'agrégeant dans les couloirs, dans la salle d'attente, devant la porte de l'hôpital. Sur le parvis, je me suis arrêté face au soleil et, contemplant les visages qui scrutaient derrière moi les fenêtres vides de l'hôpital, je l'ai appelée et lui ai dit que je l'aimais.

Comme je remettais le téléphone dans ma poche, j'ai vu une limousine arriver et un petit homme en descendre, entouré de gardes du corps. Il regardait dans la même direction que les autres. Le ministre, toujours vêtu de son simple polo bleu, est allé à sa rencontre et a serré sa main entre les siennes. Il lui a parlé longuement sous les regards de tous.

Le petit homme a fait demi-tour, il est remonté dans la limousine, les portières se sont fermées et il est reparti. C'était Mohamed Al-Fayed, le père de l'amant défunt. Il venait d'apprendre que Diana était décédée. Comme son fils.

60

Je me souviens m'être dit que je n'avais mal nulle part. Tous mes membres fonctionnaient, et ma tête aussi. Sur la route du retour, fenêtres ouvertes, j'avais envie de mettre le gyrophare et d'accélérer. Le jour se levait, Paris défilait : la Seine, l'île Saint-Louis, le palais de justice. J'ai enfoncé le CD dans l'autoradio, j'ai monté le son et j'ai pris de la vitesse. C'était *Under My Thumb* des Rolling Stones. J'étais content d'être en pleine forme, et je me sentais invincible. Je n'avais personnellement rien risqué cette nuit-là, mais j'étais heureux d'être rentré intact de cette énième nuit de garde. Je me suis garé devant la maison, j'ai ouvert la porte fermée à double tour, et j'ai été soulagé de constater que ma femme et nos cinq enfants respiraient paisiblement, chacun dans son lit. Je les ai réveillés d'un baiser, et nous nous sommes retrouvés dans la cuisine.

C'était un dimanche. J'avais ouvert les fenêtres et préparé le petit déjeuner. Mon fils trempait dans son chocolat ses toasts tartinés de Nutella. Il était en pyjama, ma femme portait encore sa chemise de nuit, et moi j'étais déjà douché, parfumé, habillé. Mes vêtements de la veille tournaient depuis trente minutes dans le tambour du lave-linge où je les avais fourrés en rentrant pour anéantir l'odeur qui s'était agrippée à eux, un mélange de désinfectant d'hôpital et de quelque chose comme de l'éther, une tenace odeur de mort dont je ne voulais surtout pas infecter la maison. Mon 357 Magnum, équipé avec des cartouches de 38 Spécial, était rangé dans la trappe sous la baignoire. J'ai toujours craint que mon fils ou quelqu'un d'autre tombe dessus par hasard et s'amuse à regarder comment ça marche.

C'était il y a dix-sept ans. Cette nuit-là, j'y étais : dans le couloir où elle était encore vivante, puis seul avec elle dans la chambre mortuaire. C'est pourquoi depuis, on me présente ainsi : « celui qui a accompagné la princesse pour son dernier voyage. » Mais jusqu'ici, je n'en avais jamais parlé. Même si les images restaient gravées en moi, je voulais d'abord prendre du recul par rapport à cette tragédie. Loin du battement médiatique et de l'enquête officielle, je souhaitais recueillir le sentiment de mes collègues dans la brigade, retourner sur les lieux du drame, humer l'air, comprendre qui elle était et avec qui elle se trouvait. C'est ce que j'ai fait, pendant des années... Près de vingt ans de réflexion, d'archivage, et surtout de silence. Une enquête personnelle qui sommeille. J'accumule dans mon garage les classeurs dans lesquels j'ai consigné les articles et les livres parus depuis. Je noircis des pages de calepins lors de mes promenades solitaires sur les lieux où ils se sont passés, tous ces lieux fantômes où je suis allé seul, les bars lesbiens du 1er arrondissement de Paris qu'Henri Paul fréquentait, les couloirs bleus de ce palace que Diana et Dodi n'auraient jamais dû quitter, l'aérodrome où ils avaient atterri le matin même, la villa déserte du bois de Boulogne qu'ils avaient visitée en vingt-huit minutes précisément, les rues autour de l'Étoile, en bas de l'appartement où ils ne sont jamais arrivés. Et le tunnel, bien sûr, dans lequel je me suis engouffré si souvent, que j'ai mesuré et inspecté, que j'ai parcouru maintes fois à grande vitesse. Je voulais imaginer, ressentir, comprendre, savoir. Mais de tout cela, rien n'est jamais sorti. C'est resté enfoui dans mon cerveau. Pourtant, parfois, la nuit je me réveille et je pense à elle. Je la revois telle qu'elle m'est apparue sur la civière. J'entends son faible souffle, ses veines sont gorgées de sang, son cœur bat encore. Elle vit. Elle ne veut pas mourir. Pas ce soir. Pas maintenant. Elle va se réveiller. Me parler. Se lever…

Et je me refais alors le film de sa dernière nuit sur terre.

Remerciements

Écrire un livre reste un moment de rencontres, une aventure, des rendez-vous. Je n'aurais jamais pu écrire ce livre sans la lumière et l'expérience de Bertil Scali. Pour son travail de rigueur, d'enquête, de recherche, merci à Cédric Devallez. Pour sa confiance, son enthousiasme, sa persévérance, son accompagnement et sa relecture attentive, merci à Virginie Fuertes.

Bibliographie

BROWN Tina, *Diana, chronique intime*, J.-C. Lattès, 2007.

BURRELL Paul, *Nos plus belles années. Le monde secret de la princesse des cœurs par son fidèle majordome*, Michel Lafon, 2006.

CARADEC'H Jean-Michel, *Lady Diana. L'enquête criminelle*, Michel Lafon, 2006.

CLAYTON Tim et CRAIG Phil, *Diana. L'enquête*, Éditions Canal+, 2001.

FARRELL Nicholas et ROCHE Marc, *Diana : une mort annoncée. L'enquête franco-britannique*, Scali, 2006.

GREGORY Martyn, *The Diana Conspiracy Exposed*, Olmstead Press, 2000.

LAFFAILLE Chris, *Diana. L'enquête jamais publiée*, Scali, 2007.

LESCŒURS Guy, *Diana du pont de l'Alma. Les pèlerins de la flamme*, Téraèdre, 2005.

MASSONI Philippe, *Histoires secrètes de la République*, Éditions de La Martinière, 2012.

MONDRIAN Hugues, *Dernières Révélations sur la mort de lady Diana*, Page après page, 2003.

MORTON Andrew, *Diana. Sa vraie histoire*, Plon, 1997.

PONTAUT Jean-Marie, DUPUIS Jérôme, *Enquête sur la mort de Diana*, Stock, 1998.

REES-JONES Trevor et JOHNSTON Moira, *Garde du corps. Le témoignage du seul survivant*, J.-C. Lattès, 2000.

SANCTON Thomas et MACLEOD Scott, *Mort d'une princesse. L'enquête*, Plon, 1998.

Du même auteur

Daniel Bourdon
Avec Élodie Chermann, *Flag, 25 ans et 7 000 interpellations à la brigade anticriminalité*, Éditions de La Martinière, 2012.

Mise en pages PCA
44400 Rezé

IMPRIM'VERT® PEFC 10-31-1510

Achevé d'imprimer
par Corlet Imprimeur
14110 Condé-sur-Noireau
Dépôt légal : septembre 2014
N° d'impression : 167784
ISBN : 978-2-7499-2233-1
LAF : 1843